LE PUITS D'AMOUR,

OPÉRA-COMIQUE EN TROIS ACTES,

PAR MM. SCRIBE (de l'Académie-Française) ET DE LEUVEN,

MUSIQUE DE M. BALFE.

Représenté, pour la première fois, à Paris, sur le théâtre royal de l'Opéra-Comique, le 20 avril 1843.

Personnages.	Acteurs.
ÉDOUARD III, roi d'Angleterre	MM. CHOLLET.
LE COMTE ARTHUR DE SALISBURY, son favori	AUDBAN.
FULBY, page et fauconnier du roi	Mlle DARCIER.
BOLBURY, shérif	MM. HENRI.
LORD NOTTINGHAM	DAUDÉ.
LA PRINCESSE PHILIPPINE DE HAINAUT, fiancée du roi	Mmes MÉLOTTE.
GÉRALDINE, cousine de Bolbury	TRILLON.
LE CONSTABLE MAKINSON, personnage muet.	
FAVORIS DU ROI.	
SEIGNEURS ET DAMES DE LA COUR. — CONSTABLES, ETC.	

La scène se passe à Londres.

ACTE PREMIER.

Le théâtre représente une place (square), avec quelques arbres de chaque côté. A gauche, la maison du shérif Bolbury. A droite, la façade d'une prison. Au milieu de la place, un puits à demi-ruiné avec la margelle et les accessoires gothiques. A gauche, un banc de pierre. Au fond, différentes rues aboutissant à la place.

SCÈNE I.

LE SHÉRIF BOLBURY, CONSTABLES, POLICEMEN.

(Au lever du rideau, Bolbury tient à la main des rapports qu'il parcourt ; il est entouré de quelques uns de ses subordonnés. Bientôt des constables et des hommes de police arrivent de différens côtés et se pressent autour de lui.)

INTRODUCTION.

CHŒUR.

Agens
Diligens,
Nous par qui la ville
Est tranquille,

Nous accourons tous,
Maître, nous entendre avec vous !
Parlez
Et réglez
Le service
De la police !
Par nous vos avis
Seront respectés et suivis !

BOLBURY, avec importance, se promenant au milieu d'eux.

Pour bien remplir mon ministère,
Mon Dieu ! quel travail est le mien !
Qu'il faut d'esprit, de caractère !
Sans moi dans Londres on ne fait rien !
Ici, sans moi rien n'irait bien !

SCÈNE II.

LES MÊMES, FULBY.

FULBY, présentant une dépêche à Bolbury.
Pour monsieur le shérif, un important message !
BOLBURY, avec joie.
De la cour ?
FULBY.
De la cour !
BOLBURY, avec orgueil.
　　　　　Ah ! pour moi quel honneur !
(Saluant Fulby.)
Mais veuillez donc, monsieur le page,
Entrer chez votre serviteur !
FULBY.
(A part.)
Avec plaisir... Là, sans qu'on me soupçonne,
J'attendrai le signal que la beauté me donne ;
Et la fin de ce jour
Sera tout à l'amour !
BOLBURY.
Entrez, entrez dans ma demeure,
Le devoir me retient ici,
Mais je vous rejoins tout à l'heure.
FULBY, entrant.
Ne vous pressez pas, grand merci !
(Bolbury revient en scène, et il est entouré de nouveau par ses constables.)
CHŒUR.
Agens
Diligens,
Nous, par qui la ville, etc...
BOLBURY, qui a lu la dépêche.
Ah ! qu'ai-je lu ! Pour moi quel avantage ;
Je pourrai donc enfin me signaler...
Oui, mes amis, grâce à votre courage,
De moi bientôt l'on va parler !
TOUS.
Expliquez-vous !
BOLBURY.
Ecoutez tous !
(Lisant.)
« Le faux prince Édouard est, dit-on, dans la ville,
» Et de ses partisans il cherche à s'entourer ! »
Par une surveillance habile,
De sa personne il faut s'assurer !
TOUS.
De sa personne il faut nous emparer !
BOLBURY.
Allons, troupe fidèle,
Montrez du cœur, du zèle,
Par ce coup décisif
Illustrez un shérif !
CHŒUR.
Allons, troupe fidèle,
Montrons du cœur, du zèle,
Par ce coup décisif
Illustrons un shérif !
BOLBURY.
Faveurs et récompense
Sur moi pleuvront, je pense,
Et tout cet honneur-là
Sur vous rejaillira !
CHŒUR.
Faveurs et récompense,
Sur lui pleuvront, je pense,
Et tout cet honneur-là
Sur nous rejaillira !
ENSEMBLE.
BOLBURY.
Partez, troupe fidèle,
Montrez du cœur, etc.
TOUS.
Allons, troupe fidèle,
Montrons du cœur, etc.
(Ils se dispersent de différens côtés.)

SCÈNE III.

BOLBURY, puis GÉRALDINE.

BOLBURY, seul.
Grâce au ciel ! le temps est à l'orage !... c'est le beau temps pour la police... On s'agite, on conspire contre notre gracieux monarque Édouard ! (Relisant la lettre qu'il a reçue.) « Un intrigant, un » scélérat, profitant de quelque ressemblance avec » le roi, se donne pour le frère aîné de Sa Majesté, » dont la mort a été révoquée en doute par quel- » ques séditieux... Sous prétexte qu'il a les traits » de notre souverain, il veut avoir sa couronne et » chercher à fomenter des troubles, même dans la » capitale... » (S'arrêtant.) Je remplirai la mission qu'on me donne... je le prendrai, je le saisirai... J'ai des agens pour cela, et s'ils le découvrent, il y a une récompense... pour moi, qui suis leur chef... C'est toujours ainsi en bonne administration... et cela viendra à merveille avec les idées que j'ai... (Apercevant Géraldine qui sort de la maison et se dirige vers le fond.) Ah ! Géraldine... Géraldine ! où donc allez-vous ainsi?... quand j'ai à vous parler... (L'amenant par la main.) Il ne faut pas avoir peur, mon enfant... avec moi, votre cousin... Causons un peu des fêtes, des passe-d'armes qui vont avoir lieu à l'occasion du mariage de notre féal monarque avec la princesse de Hainaut.
GÉRALDINE.
Quand donc?
BOLBURY.
Demain, à ce qu'on dit... La princesse a déjà été épousée à Arras, et au nom du roi, par le comte de Salisbury... Elle est arrivée hier... mais c'est

demain, en grande cérémonie, et dans sa bonne ville de Londres, que le roi lui-même... Ah! mon Dieu! à propos du roi, cet envoyé de la cour, ce jeune homme que j'ai fait entrer là, chez moi, vous l'avez vu?

GÉRALDINE.

Je lui ai fait une belle révérence; il ne s'en est même pas aperçu... tant il était occupé.

BOLBURY.

Occupé!... Et à quoi, s'il vous plaît?

GÉRALDINE.

Debout devant les vitraux de la fenêtre, les yeux continuellement fixés sur la croisée ici en face!...

(Elle désigne la prison.)

BOLBURY.

Celle de mistriss Makinson, la jolie petite femme de maître Makinson, un de mes constables... un gaillard bien fin et bien adroit.

GÉRALDINE.

Je ne sais pas ce que ce petit jeune homme peut avoir à faire dans la maison du constable, mais hier, à la tombée de la nuit, je l'ai vu descendre mystérieusement de cette croisée, au risque de se tuer!

BOLBURY.

Vraiment!... (Riant.) Ah! ah! ah! ah!

GÉRALDINE.

Cela vous fait rire!... Moi, j'ai tremblé pour lui!...

BOLBURY.

Ah! ah! ah! (A part.) Brave Makinson!...

GÉRALDINE, naïvement.

Mais ce pauvre jeune homme, en descendant ainsi de cette croisée, je vous dis qu'il peut se tuer... Il vaudrait bien mieux lui ouvrir la porte...

BOLBURY.

Vraiment! vous croyez!... Ah! Géraldine! Géraldine, mon enfant, vous êtes un trésor de candeur et d'innocence... et ceci nous amène tout naturellement à l'importante question que je voulais traiter... En vous faisant quitter l'Irlande, et en vous envoyant ici à Londres, pour les fêtes du mariage, chez votre cousin Bolbury le shérif, notre vieille tante Déborah ne vous a rien dit?...

GÉRALDINE.

Elle m'a dit que je m'amuserais... et je m'ennuie...

BOLBURY.

Je m'en suis aperçu... Depuis huit jours que vous êtes ici... vous êtes triste!

GÉRALDINE.

C'est vrai!

BOLBURY.

Vous soupirez!

GÉRALDINE.

C'est vrai!

BOLBURY.

Vous pleurez même!

GÉRALDINE.

C'est vrai!

BOLBURY.

Cela ne m'étonne pas... jeune colombe irlandaise, dont le cœur se prend aisément, vous aimez?

GÉRALDINE.

C'est vrai!

BOLBURY.

J'en étais sûr... Et s'il ne tenait qu'à vous d'épouser celui que vous aimez...

GÉRALDINE, vivement, avec transport.

Ah! ne me dites pas cela!

BOLBURY.

Pourquoi?

GÉRALDINE.

J'en mourrais de joie!

BOLBURY.

Diable! il faut prendre garde!... Vous l'aimez donc bien?...

GÉRALDINE.

Ah! cela ne vous étonnerait pas si vous le connaissiez!

BOLBURY, avec orgueil.

Je le connais!

GÉRALDINE.

En vérité!... Parlez, alors, parlez... Qu'est-il devenu?... où est-il?

BOLBURY.

Qui donc?

GÉRALDINE.

Tony... si bon, si aimable, si gentil... vous savez bien?

BOLBURY, avec dépit.

Eh! non... je ne sais pas... Je vous parlais d'un autre...

GÉRALDINE.

Et moi, je ne parle que de lui!

BOLBURY.

Et quel est donc ce Tony?

GÉRALDINE.

Un matelot.

BOLBURY.

Un matelot!

GÉRALDINE.

Qui tous les soirs venait chez ma tante Déborah...

BOLBURY.

Il est riche?

GÉRALDINE.

Il n'a rien!

BOLBURY, à part.

Je respire! (Haut.) Et où est-il, maintenant?

GÉRALDINE.

Je l'ignore... Parti sur son vaisseau qui allait remettre à la voile... je lui ai dit de m'écrire ici, à Londres... tous les jours je vais à la maison de poste... j'y vais encore de ce pas...

BOLBURY, avec joie.
Et point de lettres?...

GÉRALDINE.
Aucune !

BOLBURY, de même.
Je comprends !...

GÉRALDINE.
Et, cependant, Meg la devineresse m'a dit que nous nous reverrions... Mais, ce qui m'inquiète, c'est que voilà deux nuits de suite que je vois Tony avec une plume noire à son chapeau... C'est signe de maladie ou de danger...

BOLBURY.
Vous croyez cela?

GÉRALDINE.
C'est connu !... Tout le monde vous le dira, en Irlande...

BOLBURY.
C'est juste !... (A part.) Ces pauvres Irlandaises sont d'une crédulité... (Haut.) Et dites-moi, Géraldine, il n'a rien reçu de vous ?

GÉRALDINE.
Si vraiment!

BOLBURY.
O ciel !...

GÉRALDINE.
Tout ce que je pouvais lui donner de plus sacré... l'anneau de ma mère...

BOLBURY, à part.
Passe encore !

GÉRALDINE.
Vous n'êtes pas trop fâché, cousin?

BOLBURY.
Dam ! je pourrais l'être plus... Et encore une question, cousine... Si Tony le matelot était mort?...

GÉRALDINE, vivement.
Je le suivrais!... Oh! la vieille Meg me l'a bien dit aussi : « Quand on s'est aimé fidèlement dans ce monde, on se retrouve dans un autre pour être riches, heureux !... »

BOLBURY.
Est-elle superstitieuse !... Et si, tout bonnement, tout uniment, il était infidèle comme tout le monde ?

GÉRALDINE.
Ce n'est pas possible !

DUO.

BOLBURY.
Compter sur la constance
D'un matelot !
Ah ! c'est trop d'innocence !
Vraiment, bientôt,
D'une telle folie,
Oui, vous rirez !
Et vite, je parie,
Vous guérirez !

GÉRALDINE, avec sentiment.
J'ai foi dans la constance
Du matelot !
Je crois, douce espérance,
Le voir bientôt !
Si c'est une folie,
Un vain désir,
Laissez-moi, je vous prie,
N'en pas guérir !

BOLBURY.
Et moi, pour vous, j'avais une autre envie...
Oui, vous pouviez aspirer à ma main !

GÉRALDINE.
C'est trop d'honneur ! et je vous remercie!
Mais je préfère un plus obscur destin...
Je l'aime tant !

BOLBURY.
Non, de votre âme
Vous bannirez un amour fugitif...

GÉRALDINE.
Je l'aime tant !...

BOLBURY.
Vous deviendrez la femme.
La femme d'un puissant shérif...
Voilà le vrai, le beau, le positif...
Mais...

REPRISE DE L'ENSEMBLE.
Compter sur la constance, etc.

GÉRALDINE.
J'ai foi dans la constance, etc.

BOLBURY.
De ce Tony, déjà le cœur est infidèle !

GÉRALDINE.
Lui, me trahir, après tant de sermens !

BOLBURY.
Tous ces marins, je les connais, ma belle ;
Comme les flots ils sont changeans !

GÉRALDINE.
M'oublier, lui,
Mon cher Tony !
Mon doux ami !
Non, non, jamais !
A ce malheur, si je croyais,
Ah ! j'en mourrais !
Tout me dit qu'en ce jour j'aurai de ses nouvelles !
Cousin, pardonnez-moi
D'avoir donné ma foi !

BOLBURY.
J'ai soumis des cœurs plus rebelles,
De l'hymen avec moi
Vous chérirez la loi...
Du cher Tony, je n'ai pas peur !
Dans votre innocent petit cœur,
Je remplacerai le trompeur !

ENSEMBLE.

GÉRALDINE.
L'oublier, lui !
Mon cher Tony ! etc.

BOLBURY.
Du cher Tony, je n'ai pas peur !
Dans votre, etc.

(Géraldine sort par le fond à gauche.)

SCÈNE IV.

BOLBURY, seul.

C'est qu'elle est charmante !... j'en suis affolé !... L'aveu qu'elle vient de me faire est une nouvelle preuve de la pureté de son âme... Et cette blanche fleur d'Irlande serait la proie d'un Tony, d'un matelot?... Non, par saint Georges ! non ! Il ne viendra plus... ou s'il osait reparaitre à Londres... il y aurait bien quelque moyen de l'éloigner... la loi doit en avoir... sans cela ce ne serait pas la peine d'être shérif... et il serait pardieu plaisant que ma police servit au repos de tout le monde, excepté au mien !... moi qui sais tout ce qui se passe... (En ce moment, on entend une vive rumeur au fond, et l'on voit Fulby sortir de la maison du shérif et courir sur le lieu du tumulte.) Oh ! mon Dieu ! quel est ce bruit ?... que se passe-t-il par là ?... (Il court regarder par la gauche.) Une litière brisée !... une dame qui en descend... Mais elle vient de ce côté... La voici !...

SCÈNE V.

BOLBURY, LA PRINCESSE DE HAINAUT, LE COMTE DE SALISBURY, FULBY, DEUX DAMES, DEUX SEIGNEURS DE LA SUITE.

LE COMTE, à la princesse.
Ah ! madame, quel événement !
LA PRINCESSE.
Si madame voulait prendre quelque repos dans la maison de M. le shérif ?
BOLBURY.
Ma maison et le peu que je possède sont au service de madame !
LA PRINCESSE.
Je vous remercie, monsieur le shérif... je viens d'envoyer au palais.
BOLBURY, à part.
Au palais !
LA PRINCESSE.
Et dans un instant tout sera réparé.
BOLBURY, à part.
C'est quelque dame de la suite de la princesse...
LE COMTE.
Si le roi savait que sa noble fiancée a couru ce danger !...
BOLBURY, à part.
C'est la princesse elle-même !
LE COMTE.
Quels seraient son chagrin et son inquiétude !...
LA PRINCESSE.
Aussi, ai-je défendu qu'on le lui dise, car, en vérité, cela n'en vaut pas la peine... et notre royal époux a d'autres motifs plus sérieux d'inquiétudes et de craintes... Ces troubles aux portes de Londres... ce faux prince Édouard !
LE COMTE.
Rassurez-vous... des ordres sont donnés partout... on est sur les traces de ce misérable... et bientôt...
BOLBURY, s'avançant.
Il sera notre prisonnier... j'en réponds !... Son Altesse peut compter sur mon zèle, mon activité, mon énergie, mon courage !
LA PRINCESSE, regardant autour d'elle.
J'y compte, monsieur !... mais où sommes-nous ici ?... moi qui arrive et qui ne connais point la belle ville de Londres... Quelle est cette place?
LE COMTE.
Celle du Puits d'Amour !
LA PRINCESSE.
Voilà un joli nom !
BOLBURY.
Trop joli pour un endroit sinistre !... Ce maudit puits est l'épouvantail de tout le quartier... Depuis long-temps nos habitans demandent qu'il soit comblé... mais le feu roi et notre nouveau souverain lui-même, à ce qu'on dit, n'ont jamais voulu permettre...
LA PRINCESSE.
Et pourquoi cela ?
LE COMTE, vivement.
Sans doute parce que c'est un débris curieux d'antiquité, auquel se rattachent de vieilles traditions !
LA PRINCESSE, souriant.
Mais qu'a fait ce pauvre puits pour exciter tant de haine et de colère ?
BOLBURY.
D'abord, on assure que, la nuit, on a vu souvent sortir de là de grands fantômes qui se répandaient par milliers dans la ville !
LA PRINCESSE, riant.
De grands fantômes !... Cela devient fort amusant...
FULBY, riant.
Comment, monsieur le shérif, vous pouvez croire...
BOLBURY.
Oh ! moi, je ne crois pas aux fantômes... je suis un esprit fort... c'est connu !
LA PRINCESSE, le regardant en souriant.
Ah !

BOLBURY.

Mais je puis affirmer à Son Altesse, qu'un soir, il y a un mois à peine, j'ai entendu là des bruits souterrains et d'horribles éclats de rire qui semblaient partir de l'enfer !

LA PRINCESSE, souriant.

S'il en est ainsi, pourquoi donc ce nom de Puits d'Amour ?

FULBY.

Parce qu'autrefois, dans un désespoir amoureux, une jeune fille s'y est, dit-on, précipitée... C'est une ancienne légende !

LA PRINCESSE.

Que monsieur Fulby, le fauconnier, connaît sans doute ?

FULBY.

Comme tout le monde !...

LA PRINCESSE.

Excepté moi, qui ne suis à Londres que depuis hier...

FULBY.

Je crains que Votre Altesse ne regrette sa curiosité ; mais je suis à ses ordres !

LÉGENDE.

Nelly, la jeune fille,
S'en venait chaque jour,
Leste, accorte et gentille,
Emplir sa cruche au puits du carrefour !
  Un soir, il arriva
  Qu'elle rencontra
    Là
  Le jeune et brave Edgard,
  Archer du roi Richard.
  Le bel archer l'aida,
    On causa,
    Devisa,
  Et chaque soir, oui dà,
  On se retrouva
    Là.
  Que de serments d'amour !
  Jusqu'à son dernier jour.
  Tout ce qu'elle jura,
  Oui, Nelly le tiendra !
    Mais un serment
    D'amant
  S'envole avec le vent !
  Un triste soir, hélas !
  Edgard ne revint pas !
  Nelly, dans sa douleur,
  Attendait le trompeur,
  Qu'elle croyait toujours
  Fidèle à ses amours !
  Elle se plaçait là,
  Disant : « Il reviendra... »
  Mais tout à coup voilà
  Qu'un cortége passa...
  Un brillant officier,
  Au corsage d'acier,

  Allait, devant l'autel,
  Former nœud solennel !...
  Ah ! chacun a frémi :
    Un cri
    A retenti !
  C'est la pauvre Nelly,
    Au front pâli,
  Donnant à son Edgard
  Triste et dernier regard !
    Elle s'élança
    Là,
  Et dans l'abîme se jeta !
    Ah !!!
  Depuis ce moment-là,
  Dans le puits que voilà
    Nul ne puisa !
  Le Puits d'Amour on l'appela,
  Et la légende finit là !

Mais l'auteur ajoute cela :
Si, pour serments faits et trahis,
On se jetait au fond d'un puits,
    Mes bons amis,
    Je vous le dis,
  Nos puits seraient bientôt remplis !

CHŒUR.

Si pour serments faits et trahis, etc...

LA PRINCESSE, à Fulby.

Merci, monsieur, grand merci !

BOLBURY, qui est remonté vers le fond, redescendant.

Une nouvelle litière arrive du palais... Son Altesse veut-elle qu'on la fasse avancer ?

LA PRINCESSE.

Non,.. nous allons à sa rencontre... Je vous suis obligé, monsieur le shérif... Votre nom ?

FULBY.

Maître Bolbury !

LE COMTE, vivement et à demi-voix au shérif.

Bolbury ! Vous vous nommez Bolbury ?

BOLBURY.

Oui, monseigneur !

LE COMTE.

Vous êtes le cousin d'une jeune Irlandaise arrivée récemment à Londres ?

BOLBURY.

Miss Géraldine... et pourquoi ?...

LE COMTE.

Oh ! rien... Hier on parlait d'elle à la cour, de sa beauté... de...

LA PRINCESSE, se retournant.

Monsieur le comte !

LE COMTE.

Me voici, me voici, madame !

BOLBURY, à part.

On parle déjà de ma future à la cour !... Me voilà lancé !... je serai grand shérif...

(Il suit la princesse et le comte qui disparaissent par le fond à droite : la nuit commence à venir.)

FULBY, qui a regardé la croisée de la maison à droite. Rien encore!... qui peut l'empêcher?... (En ce moment un vase de fleurs est placé sur l'appui de la fenêtre.) Ah! enfin, voici le signal...

(Il observe s'il ne peut être vu, ouvre la porte et se glisse rapidement dans la maison : au même instant, paraît par la gauche un homme enveloppé d'un grand manteau et qui semble examiner les localités.)

SCÈNE VI.

LE ROI, seul.

RÉCITATIF.

C'est bien ici, qu'hier j'aperçus cette belle !
Et peut-être à mes yeux viendra-t-elle s'offrir ?
Promenons-nous!... Un roi peut faire sentinelle
Quand la consigne est amour et plaisir !

CAVATINE.

O passe-temps enchanteur !
Sous ce manteau protecteur
L'incognito, c'est le bonheur
Sur terre !
Déguisemens,
Accidens
Et dénouemens
Très piquans
Vous seuls savez, en tous les temps,
Me plaire !

Qu'entends-je ici, la nuit ?...
Un malheureux gémit,
Au désespoir il est réduit...
Il va finir son sort...
Quand une bourse d'or
Soudain
Tombe en sa main !
Comme à sa détresse
Succède l'ivresse !
Trésor et richesse,
Puissé-je sans cesse
Vous placer ainsi !...

Doux passe-temps pour mon cœur,
Des rois plaisir enchanteur,
L'incognito c'est le bonheur
Sur terre !
Pour la puissance et la grandeur
Voilà le vrai bonheur !

Ici, je vois
Des grivois,
Fêtant Bacchus et ses lois...
Bravo ! je suis
De votre avis
Mes frères !
— Vive le roi ! — Doux aspect !

— A sa santé buvons sec !
— Mon verre alors se choque avec
Leurs verres !...
Sous ce balcon, j'entends
Causer ces deux amans?
« Il faut hélas ! cruels parens ,
» Pour obtenir ta foi,
» Etre officier du roi ! »
Sois donc nommé par moi !
Par moi,
Le roi !
Douce jouissance !
Aussi ma puissance ,
De la Providence
Usurpe en silence
Les secrets
Décrets !

O passe-temps enchanteur!
L'incognito c'est le bonheur
Sur terre !
Oui, pour vous, prince ou grand seigneur
C'est là le vrai bonheur !

(Il examine la maison du shérif.)

SCÈNE VII.

LE ROI, LE COMTE, revenant sans voir Edouard.

LE COMTE.
La princesse est partie!... j'ai trouvé un prétexte pour ne pas la suivre... Me voilà seul.. Géraldine, chère Géraldine !... Elle est là, je vais enfin la revoir !... (Il fait quelques pas vers la maison du shérif et aperçoit le roi qui cherche à regarder par les vitraux.) Quel est cet homme? (Haut.) Que cherchez-vous mon ami?...

LE ROI, brusquement.
Peu vous importe ! Passez votre chemin !

LE COMTE, s'avançant.
Vous le prenez bien haut, mon maître !

LE ROI.
Comme il me convient, brave homme ! (Ils se trouvent face à face.) Salisbury !

LE COMTE.
Le roi !

LE ROI.
Que diable faites-vous ici à cette heure, cher comte?...

LE COMTE.
Quelques ordres à donner au shérif pour la cérémonie de demain... Et me sera-t-il permis d'adresser la même question à Votre Majesté?...

LE ROI.
Oh! moi, je me promène... incognito !

LE COMTE.
Comme le sultan *Haroun al Raschild*, pour connaître par vous-même !...

LE ROI.

La manière dont se fait la police.. Pour surveiller nos shérifs et nos constables!

LE COMTE.

Ou plutôt, pour leur donner de l'occupation... Ce manteau de couleur sombre m'annonce que Votre Majesté est ce soir en expédition!

LE ROI.

Quelle idée!

LE COMTE.

Ce ne serait pas la première fois!... Du vivant de votre auguste père, j'ai eu souvent, ainsi que nos joyeux compagnons, l'honneur d'escorter le prince royal dans des aventures nocturnes, dont le dénouement...

LE ROI.

N'était pas toujours agréable... témoin cette fois où nous voulions enlever, le jour de sa noce, cette jolie pâtissière...

LE COMTE.

Et tout le quartier ameuté contre nous!

LE ROI.

Et les cris, les menaces?

LE COMTE.

Mieux encore... dont nous avons été assaillis...

LE ROI, vivement.

Incognito!... l'honneur est sauvé... la postérité n'en dira rien...

LE COMTE.

Mais vous étiez garçon, alors... tandis que, demain, votre mariage avec la princesse de Hainaut... princesse accomplie...

LE ROI.

Eh! je ne le sais que de reste!... c'est à qui m'accablera de ses vertus... c'est presqu'une épigramme.. et c'est absurde! Car, en ménage comme ailleurs, on ne brille...

LE COMTE.

Que par les contrastes!

LE ROI, riant.

Comme tu dis!... Et si par hasard, je me trouve à pied dans ce quartier... c'est que dernièrement j'ai aperçu là, dans cette maison...

LE COMTE, à part.

Celle de Bolbury!

LE ROI.

Une jeune fille ravissante... des cheveux blonds, des yeux bleus... dont je vous parlais hier...

LE COMTE, à part.

C'est Géraldine!

LE ROI.

Une tête d'ange ou de madone, comme ils disent en Italie... Et, aujourd'hui, presque sans le vouloir, j'ai dirigé ma promenade de ce côté pour la revoir et l'admirer... comme objet d'art... voilà tout... Y a-t-il de quoi me gronder?...

LE COMTE.

Peut-être!

LE ROI.

Du reste, et pour mettre un terme à tes sermons, j'ai un moyen que je te dirai ce soir à notre dernière nuit de garçon... Car, vous le savez, nous nous réunissons à minuit, au rendez-vous ordinaire... Tous nos initiés sont prévenus... joyeux souper, vins exquis! fête enivrante! Nous attendons même un nouvel adepte, lord Clarendon... Mais, tout brave qu'il se dit, il n'osera pas, j'en suis sûr, tenter la fatale épreuve.

LE COMTE.

Et c'est ainsi que Votre Majesté renonce à ses folies de jeunesse?

LE ROI.

Je t'ai déjà dit que c'était la dernière... il faut bien qu'il y en ait une... Après cela, nous serons tous sages, tous mariés...

LE COMTE, vivement.

Parlez pour vous, sire!

LE ROI.

Non pas... qui m'aime me suive!... et c'est là le projet que j'ai sur vous!

LE COMTE.

Quoi! Votre Majesté y pense encore?

LE ROI.

Plus que jamais!... C'est une riche et belle héritière du pays de Galles, miss Oventry, que je te destine... Elle arrivera dans quelques jours... la reine, qui est prévenue, la nomme d'avance sa première dame d'honneur, et toi, grand-maître du palais...

LE COMTE.

Mais, sire...

LE ROI.

Point d'objections! nous le voulons... Ah! mon bel ami, vous ririez trop de nous, si vous restiez libre... Vous vous moqueriez de votre pauvre maître enchaîné au joug de l'hymen... Non, non, vrai Dieu!... Devenu mari, je veux que tous mes favoris le deviennent à leur tour... C'est exemplaire et moral!

LE COMTE.

Cependant, sire...

LE ROI.

Ma faveur est à ce prix!... Je n'accorde plus rien aux célibataires...

LE COMTE.

Votre Majesté me permettra bien un jour de réflexions... En attendant, je dois la prévenir que, quelques instants plus tôt, elle se serait trouvée ici avec son auguste fiancée, la princesse de Hainaut... Un accident arrivé à sa voiture...

LE ROI.

Point de dangers?

LE COMTE.

Non sans doute... mais son fiancé ferait peut-être bien d'aller au palais, s'informer de sa santé...

LE ROI.

J'y cours!... D'autant plus que ce soir je ne compte pas paraître à son cercle!

ACTE 1, SCÈNE IX.

LE COMTE.
Où les ambassadeurs du Hainaut viennent prendre congé!

LE ROI.
Justement!... La Flandre et le Hainaut sont ennuyeux à périr... Tu les recevras pour moi... et tu bâilleras pour notre compte, toi qui as déjà épousé ma femme par procuration!

LE COMTE.
Mais comment justifier votre absence?

LE ROI.
Des affaires d'état... On en a toujours à volonté! Pendant ce temps, je serai avec nos convives, au lieu de nos réunions, où tu viendras nous rejoindre après le départ de l'ambassade... (En ce moment on voit le constable Mackinson se diriger vers sa maison et rentrer par la porte où s'est glissé Fulby.) Silence! voici quelqu'un... Ah! c'est un constable qui rentre tranquillement chez lui... Adieu, je retourne au palais... A ce soir, mon fidèle compagnon... N'oublie pas que tu dois partager toutes les folies de ton maître, y compris même le mariage!

(Il disparaît par le fond.)

SCÈNE VIII.

LE COMTE, seul.

Me marier! Me marier!... Il dit vrai... ma fortune, ma grandeur à venir en dépendent. D'ailleurs, et, quelque amour qu'elle m'inspire, je ne puis jamais penser à épouser Géraldine... ce serait me perdre... et la tromper. La séduire... elle si dévouée, si vertueuse!... plutôt renoncer à elle et lui rendre ses serments... Oui, oui, j'agirai en honnête homme... je ne la reverrai plus!

(A ce moment, Fulby sort par une fenêtre de la maison du constable, saute à terre et tombe presque aux pieds du comte.)

SCÈNE IX.

FULBY, LE COMTE.

LE COMTE, stupéfait.
Fulby!

FULBY.
Moi-même, monsieur le comte... Pardon de ma brusque arrivée... mais ce damné constable, on dirait qu'il le fait exprès... C'est la seconde fois qu'il m'oblige à sauter ainsi depuis hier...

LE COMTE.
Et d'où sors-tu, malheureux?...

FULBY.
Dam! monseigneur, quand l'hymen entre par la porte, l'amour s'en va par la fenêtre...

LE COMTE.
Mauvais sujet!

FULBY.
Ah! ne me grondez pas!... J'ai tort, je le sens bien... moi qui, par votre protection, ai été nommé fauconnier du roi, et d'aujourd'hui son échanson... moi qui, grâce à vos bontés, me trouve placé à la brillante cour d'Édouard, je devrais n'adresser mes hommages qu'à des ladies, à des comtesses, à des duchesses... je me devrais cela à moi-même, et à vous surtout, mon protecteur, qui répondez de moi... Mais, que voulez-vous!... elle est si jeune, si jolie et si aimable!...

LE COMTE.
Eh! qui donc?

FULBY.
Je n'ose pas vous le dire... la femme d'un constable...

LE COMTE.
Il serait possible!

FULBY.
Oui, milord!... son mari n'est que constable... j'en rougis pour lui!... mais peut-être un jour pourra-t-il être mieux que cela?...

LE COMTE, souriant.
Cela commence déjà!

FULBY.
En attendant, il est défiant, et surtout jaloux... il revient toujours au moment où on ne l'attend pas... Aussi, nous avons pris pour l'avenir des précautions...

LE COMTE.
C'est bon!

FULBY.
Cette pauvre Betzy m'a fait faire une seconde clé d'une porte secrète... parce que, de sauter, comme tout à l'heure par la fenêtre, ou de courir comme l'autre jour sur les toits, il y a de quoi se tuer... sans compter que j'ai été vu par une voisine en face, la cousine du shérif!

LE COMTE.
Géraldine?

FULBY.
Ah! vous savez son nom?... Une jolie fille aussi... elles sont toutes jolies dans ce quartier-là...

LE COMTE.
Tais-toi!

FULBY.
Vous la connaissez?

LE COMTE.
Oui, oui... Tu peux même me rendre un très grand service!

FULBY.
Parlez, milord... je serai trop heureux...

LE COMTE.
Au fait, puisque tu m'as confié tes amours, je puis te dire les miennes...

FULBY.
C'est bien de l'honneur pour moi!...

LE PUITS D'AMOUR.

LE COMTE.

Il y a trois mois, en Irlande, où j'étais allé recueillir la succession de lord O'Donnel, mon oncle... tous les jours je la voyais, sans lui dire qui j'étais... Elle eût repoussé les hommages du grand seigneur... mais elle accueillit Tony le matelot avec tant de confiance et d'amour... et lorsque, rappelé par le roi, pour son mariage, il me fallut revenir à Londres, je lui dis que je partais... que j'allais en mer!

FULBY.

Et aujourd'hui vous voulez la voir?...

LE COMTE.

Non!... ce serait la tromper!... car je vais me marier... Il le faut!... le roi le veut... le roi, dont je suis le favori, parce que j'ai partagé jusqu'ici toutes ses extravagances!

FULBY.

Ce qui ne vous déplaisoit pas trop!...

LE COMTE.

Eh! si vraiment!... Édouard aime les scènes d'orgie et de débauche!... et mon goût, à moi, me portait vers les plaisirs purs et tranquilles; mais il fallait plaire au maître!...

FULBY.

Et, vertueux par penchant, vous vous êtes fait mauvais sujet...

LE COMTE.

Par flatterie... C'est bien mal, n'est-ce pas? Mais méditer de sang-froid la ruine et le déshonneur d'une pauvre fille, qui m'aime et qui croit en moi... étouffer dans les plaisirs la voix du remords... j'ai eu beau faire... je n'en suis pas encore arrivé là.... je n'en ai pas le courage... et je veux rendre à Géraldine le repos et la liberté!...

FULBY.

Ah! c'est bien, milord, c'est bien!.. Voilà une conduite loyale et digne d'un vrai gentilhomme...

LE COMTE.

Mais pour achever mon ouvrage, Fulby, j'ai besoin de toi!

FULBY.

Comment cela?

LE COMTE.

Je ne dois pas... je ne peux pas revoir Géraldine... toutes mes résolutions, pour son repos et son bonheur, faibliraient devant un de ses regards... Mais voilà un anneau qu'elle avait donné à Tony le matelot, et que je devais garder tant que je l'aimerais... c'est-à-dire, jusqu'à la mort... Tu le lui remettras demain...

FULBY.

J'entends... en lui disant qu'elle est libre... et qu'une autre femme, un autre amour...

LE COMTE.

Oh! non!... Géraldine me croire infidèle!... Je veux qu'elle garde de Tony un tendre et pieux souvenir!

FULBY.

Je lui dirai qu'il n'est plus!

LE COMTE.

Oui... (Hésitant.) Mais si cependant sa douleur, son désespoir!...

FULBY.

Rassurez-vous, milord... elle se calmera..... Croyez-moi... une femme aime mieux savoir son amant mort qu'infidèle...

LE COMTE.

Chère Géraldine!... Fulby, j'ai foi dans ton zèle, dans ton amitié!...

FINALE.

ROMANCE.

PREMIER COUPLET.

J'aurais voulu rester pour elle
Toujours Tony .. vœux superflus!
Il faut la fuir! peine cruelle!
Dis-lui que son Tony n'est plus!
Par l'amour qu'elle avait fait naître,
Tony ne doit plus s'animer...
Mais dis-lui qu'il a cessé d'être
Sans jamais cesser de l'aimer!

DEUXIÈME COUPLET.

Qu'elle m'oublie et qu'elle espère
Un avenir consolateur!
Ange laissé sur cette terre,
Qu'elle y connaisse le bonheur!
Par l'amour qu'elle avait fait naître,
Tony ne doit plus s'animer!...
Mais dis-lui qu'il a cessé d'être
Sans jamais cesser de l'aimer!

(Il remet un anneau à Fulby, en lui faisant encore des recommandations à voix basse. Fulby le reconduit jusqu'au fond à gauche. Le comte sort. Pendant ce temps, Géraldine a paru au fond à droite.)

SCÈNE X.

GÉRALDINE, FULBY.

GÉRALDINE, entrant tristement.
De mon Tony pas de nouvelle!
FULBY, revenant, à part.
Que vois-je! c'est elle! c'est elle!
GÉRALDINE, à part.
Il me faut attendre à demain!
FULBY, à part.
Qu'elle est jolie! oui, ce serait dommage
De la tromper... de flétrir son destin!
GÉRALDINE, à part.
Mais je ne sais... un sinistre présage
En cet instant augmente mon chagrin!
FULBY, à part.
La voilà seule... A remplir mon message
Je puis songer... sans remettre à demain!

ACTE I, SCÈNE XI.

ENSEMBLE.

GÉRALDINE, à part.

Oui, malgré moi de sinistres présages
Viennent, hélas! augmenter son chagrin!
Pour lui je crains les flots et les orages!
Mon Dieu! mon Dieu! veillez sur son destin!

FULBY, à part.

J'hésite encore... allons, prenons courage!
Un noble but doit m'inspirer soudain...
C'est pour sauver son honneur du naufrage,
Qu'il faut hélas! lui causer du chagrin!

FULBY, arrêtant Géraldine qui va pour entrer dans la maison de Bolbury.

Un mot, ma chère enfant!

GÉRALDINE, avec quelque effroi.

C'est vous, monsieur le page!
Si tard, que cherchez-vous ici?

FULBY.

Vous!

GÉRALDINE.

Moi!

FULBY.

Je viens vous parler d'un ami!

GÉRALDINE, avec surprise.

D'un ami?...

FULBY.

De Tony!

GÉRALDINE, vivement.

Il se pourrait... vous connaissez Tony?

FULBY.

Avant d'être à la cour, avec lui j'ai servi!
Nous étions du même équipage!

GÉRALDINE, vivement.

Reviendra-t-il bientôt de son lointain voyage?

FULBY, hésitant et avec précaution.

De sa part... tout à l'heure, on m'a remis ce gage
Pour vous!

(Il lui présente la bague.)

GÉRALDINE, la prenant, avec angoisse.

Dieu! mon anneau! mon espoir est trahi!
Tony, ne m'aime plus!
(Elle s'assied sur le banc.)

FULBY, lui prenant la main.

Ayez force et courage!
Et ne doutez jamais de lui!

REPRISE DU MOTIF DE LA ROMANCE.

« Par l'amour qu'il vous fit connaître,
» Tony ne doit plus s'animer...
» Apprenez qu'il a cessé d'être,
» Mais sans jamais cesser de vous aimer! »

GÉRALDINE, atterrée, et d'une voix étouffée, à part.

Tony! Tony! pauvre Tony!

Pour moi, pour moi, tout est fini!

FULBY, s'approchant d'elle.

Si je pouvais calmer le trouble où je vous vois!

GÉRALDINE.

Non, non, c'est inutile;
Je suis calme, tranquille...
Laissez-moi! laissez-moi!

FULBY, à part.

Et moi qui m'attendais à des cris, à des larmes!
Je me rassure et vois déjà
Que la jeune beauté bannissant ses alarmes,
Bientôt se consolera.
Comme tant d'autres, oui, elle se calmera!
(Il sort en souriant.)

SCÈNE XI.

GÉRALDINE, seule, assise sur un banc de pierre.

Tony! Tony!
C'est son anneau! c'est lui!
(Elle porte l'anneau à ses lèvres, met sa tête dans ses mains, fond en larmes, et la musique exprime le passage de la douleur à l'égarement; elle se lève.)

AIR.

Ma tête s'égare!
Et de moi s'empare
Affreux désespoir!...
Ne plus le revoir!...
Non, c'est impossible!
Un sort invincible
Veut, dans ses rigueurs,
Séparer nos cœurs!
L'amour qui m'enivre
Saura nous unir!...
Oui, je veux le suivre
Et pour lui mourir!
Sur cette terre, en mes douleurs cruelles,
Hélas! que ferai-je sans lui?
Tony, Tony, tu m'appelles!
Mon bien aimé, me voici!
Me voici!
Ma tête s'égare!
Et de moi s'empare
Affreux désespoir, etc.
Tony! Tony!
Me voici!
Mon bien aimé, me voici!
(Elle s'élance sur la margelle du puits et se précipite dans l'abîme.)

FIN DU PREMIER ACTE.

ACTE DEUXIÈME.

Une salle souterraine. A gauche, sur le premier plan, une porte recouverte d'une riche portière. Sur le deuxième plan, une autre porte. A droite, au premier plan et vis-à-vis du public, une statue qui tourne sur son piédestal et laisse voir un escalier taillé dans le roc. Une autre porte. A droite, un divan. Au fond, un dressoir chargé de coupes et d'argenterie. Tables, etc.

SCÈNE I.

LE COMTE DE SALISBURY, FULBY.

(Au lever du rideau, la statue à droite s'écarte, et l'on aperçoit le comte de Salisbury et Fulby descendant l'escalier.)

LE COMTE, descendant l'escalier.
Avance !... avance !... et n'aie pas peur !
FULBY, descendant derrière le comte.
Quarante deux marches depuis le cabinet du roi... *(Regardant autour de lui avec étonnement.)* Où sommes-nous maintenant ?...
LE COMTE.
Attends que j'aie fermé cette issue... la seule qui conduise au palais...
(Il touche un ressort, la statue se replace devant l'escalier qu'elle referme.)
FULBY.
Il me semble être dans un conte de fées, et je me demande à quoi peut servir cette pièce si richement décorée ?
LE COMTE.
C'est un des appartemens de ce palais souterrain... et tu ne vois rien encore... *(Montrant la droite.)* De ce côté sont des salons magnifiques, des boudoirs élégans et mystérieux, que tu connaîtras plus tard... Cette pièce est pour toi la principale, celle où tu dois exercer tes nouvelles fonctions d'échanson.
FULBY.
La salle à manger ?...
LE COMTE.
Tu l'as dit... et je n'ai pas besoin de te recommander une inviolable discrétion... Être admis dans les plaisirs d'un roi, c'est une faveur souvent fatale... Il y va de la fortune ou de la tête...
FULBY.
Je tâcherai que l'une ne me fasse pas perdre l'autre... Mais vous, milord, qui êtes mon protecteur et mon maître, daignez me dire ce que j'aurai à faire...
LE COMTE.
Rien de plus simple... Une vingtaine de jeunes seigneurs vont venir jouer, souper et s'enivrer... C'est toi qui leur verseras à boire.
FULBY.
J'aurai de l'ouvrage !
LE COMTE.
Mais oui... Aujourd'hui surtout... car il y a réception d'un nouvel initié, d'un nouveau favori, lord Clarendon... si toutefois il a le courage de tenter l'épreuve ordinaire.
FULBY.
Laquelle ?...
LE COMTE.
Silence !... Il faut tout voir, tout entendre et n'interroger personne.
FULBY.
C'est pour cela, milord, que si vous vouliez d'abord tout me dire, je n'aurais plus rien à demander...
LE COMTE, souriant.
C'est juste... Eh bien donc, notre nouvel échanson, tu as pu entendre dire que le feu roi, qui avait passé sa vie à tyranniser ses sujets, avait trouvé en eux une affection...
FULBY.
Egale à ses bienfaits !...
LE COMTE.
Sa popularité était devenue telle, qu'il redoutait, à chaque instant, quelque visite imprévue et tumultueuse, et, pour échapper aux surprises nocturnes, il avait fait pratiquer dans son palais diverses issues secrètes... *(Montrant la statue à droite.)* entre autres celle-ci... Cet escalier...
FULBY.
Que nous venons de parcourir...
LE COMTE.
Qui conduisait de son cabinet dans cette salle souterraine... ensuite *(Montrant la première porte à gauche.)* dans une chambre voisine, où un puits à moitié ruiné donnait sortie sur une place de Londres, vis-à-vis la maison de Bolbury.
FULBY.
Le Puits d'Amour !...
LE COMTE.
Justement... Après la mort du roi, le prince Edouard, qui lui ressemble peu, et qui ne craint rien, que de ne pas s'amuser, a fait servir tout ceci à ses plaisirs secrets... Dans ces salons, témoins de banquets et de bals des plus joyeux, sont entassés les plus riches ou les plus bizarres

costumes; c'est de là que le prince, qu'on croit souvent livré à de graves travaux, s'échappe, la nuit, pour aller, avec ses favoris, courir les rues de Londres; c'est par là qu'après de joyeuses orgies, il se dérobe souvent aux poursuites des constables, tout étonnés d'avoir perdu ses traces... Bien plus encore... une des chimères du prince est de ne vouloir auprès de lui que des amis véritables; et, pour s'assurer du dévoûment de ceux qu'il admet dans son intimité, voici une des épreuves auxquelles il les soumet : il leur demande par exemple : — « M'aimez-vous autant que vous-mêmes ? » Et tous les courtisans de répondre : — « Ah! sire, cent fois plus encore ! » — « Exposeriez-vous vos jours pour moi ? » — « Trop heureux d'un pareil sacrifice... mon sang ! ma vie !... à l'instant même ! » — « S'il en est ainsi, ce soir, je vous ordonne, au risque de ce qui pourra en arriver, de vous précipiter dans le puits du carrefour. »

FULBY.
Eh bien ?

LE COMTE.
Eh bien, de deux ou trois cents amis dévoués, quelques uns seulement eurent ce courage... Je fus de ce nombre, et voici tout le danger que l'on a à courir : grâce à un mécanisme ingénieux, ouvrage du Vénitien Vozzanina, celui qui, intrépidement, se lance dans le précipice, est à peine descendu à quelques pieds, qu'il tombe sur de beaux coussins de velours, et descend doucement (Montrant la première porte à gauche.) dans la chambre voisine, où le prince, après lui avoir donné l'accolade, l'amène ici prendre place à ses côtés à quelque banquet mythologique, où, sous des habits de caractère, tous les convives s'enivrent jusqu'au jour.

FULBY.
C'est ce qui va arriver ce soir à lord Clarendon... le nouvel adepte ?

LE COMTE.
S'il ose s'exposer au prétendu danger, dont le mécanisme préservateur est déjà préparé.

FULBY.
Il ne l'est donc pas toujours ?

LE COMTE.
Non, sans doute... seulement les jours d'épreuves ou les jours de nos réunions... afin que, sans se présenter au palais, nos fidèles puissent secrètement entrer ou sortir par cette issue...

FULBY.
Et vous allez ainsi passer une joyeuse soirée ?...

LE COMTE.
Moi !... Oh ! non du tout... car j'ai promis au roi, qui doit se dire malade, de remonter au palais, et de tenir sa place dans la salle de réception jusqu'au départ des ambassadeurs... Mais, si je ne te revoyais pas, n'oublie pas, demain, le message dont je t'ai parlé pour cette pauvre Géraldine.

FULBY.
Si ce n'est que cela, soyez tranquille... c'est déjà fait...

LE COMTE, revenant vivement.
Et tu ne m'en parlais pas ?

FULBY.
Non vraiment, attendu qu'il n'y a pas de quoi se presser...

LE COMTE.
Eh ! pourquoi cela ?

FULBY.
C'est que vous semblez craindre, milord, un amour et un désespoir... qui ont été des plus raisonnables...

LE COMTE, avec chagrin.
Est-il possible !

FULBY.
Je vous promets que ça ne durera pas, et que celle-là sera bien vite consolée, si elle ne l'était pas déjà d'avance.

LE COMTE.
Ah ! c'est indigne !... Non... non... de quoi vais-je me fâcher ?... Je le voulais... je le désirais... je dois me réjouir : et, puisque celle-là n'aimait pas... me voilà guéri de ma constance et de ma loyauté... J'y renonce pour jamais.

FULBY, gaîment.
Et vous faites bien, milord, ici, à la cour, c'est du luxe...

PREMIER COUPLET.

Le temps emporte sur ses ailes
Les chagrins prompts à s'envoler !
Et de l'oubli des infidèles,
Il faut gaîment se consoler.
Oui, séchons des larmes cruelles,
Car il n'est pas juste ici-bas
Que les douleurs soient éternelles,
Quand les amours ne le sont pas !

LE COMTE, écoutant du côté de la première chambre à gauche.
Tais-toi !. N'entends-tu pas dans la chambre voisine ?... Quelqu'un gémit !...

FULBY, écoutant.
Oui... c'est de ce côté...

LE COMTE.
Bravant la peur, qui, dit-on, le domine,
Lord Clarendon s'est-il précipité ?

FULBY.
J'y cours !
(Il s'élance par la première porte à gauche, et disparaît.)

LE COMTE, seul, affectant une grande gaîté.

SECOND COUPLET.

Je veux au plaisir qui m'appelle,
Désormais, consacrer mes jours,
Et des mépris d'une infidèle
Me venger par d'autres amours !

Je veux courir de belle en belles ;
Ce serait folie, ici-bas
De garder larmes éternelles
Aux amours qui ne le sont pas !..

SCÈNE II.

LE COMTE, FULBY, sortant de la chambre à gauche.

FULBY, à demi-voix, vivement.
Milord !.. milord !..
LE COMTE.
Eh bien !.. lord Clarendon ?
FULBY.
Ce n'est pas lui... une jeune fille évanouie, qui revient à elle... A quelques mots qu'elle a prononcés, j'ai compris qu'elle s'était jetée dans le puits par désespoir amoureux...
LE COMTE.
Allons donc !
FULBY.
Et, m'avançant alors, j'ai reconnu...
LE COMTE.
Qui donc ?
FULBY.
Géraldine !
LE COMTE, vivement.
Géraldine !!!
FULBY, le retenant.
En ce moment, elle se croit morte et dans un autre monde.
LE COMTE.
Ah ! courons ! (S'arrêtant.) Grand Dieu !.. si nous étions surpris !... si le roi ou ses amis venaient en ce moment !...
FULBY.
Ne craignez rien, je veillerai.
(Conduit par le comte, il remonte l'escalier à droite, dont la statue se referme sur lui.)

SCÈNE III.

GÉRALDINE, LE COMTE, se tenant d'abord à l'écart.

DUO.

GÉRALDINE, à peine revenue à elle, et s'avançant sur le théâtre.
Oui, j'ai juré de le suivre,
De revoir mon doux ami !
Là haut je ne pouvais vivre,
Mon cœur était à lui !
(Elle se retourne, aperçoit le comte, pousse un cri et court dans ses bras.)
C'est lui !... c'est lui... le ciel exauce ma prière !
LE COMTE, la regardant avec amour.
Pour moi, ma bien-aimée a donc quitté la terre ?
GÉRALDINE.
La vie était sans toi plus triste que la mort,
Et je viens de mourir pour partager ton sort.
LE COMTE, à part.
Ah ! que sa douce erreur, pour mon cœur a de charmes !
GÉRALDINE.
Quoi ! tu pleures !.. doit-on connaître ici les larmes ?...
LE COMTE.
Des larmes de bonheur !
GÉRALDINE, regardant le comte qui est couvert de riches habits.
Mais quel air radieux !
Tony le matelot, si pauvre encor naguère !
LE COMTE, la serrant dans ses bras.
Est heureux maintenant.
GÉRALDINE.
Oui, qui souffre sur terre,
En est récompensé, je le vois, dans les cieux !

ENSEMBLE.

GÉRALDINE, en extase.
O vue enchanteresse !
C'est ici le séjour
De l'éternelle ivresse,
De l'éternel amour !
O volupté suprême !
O volupté des dieux !
Je revois ce que j'aime ;
Pour moi s'ouvrent les cieux !

LE COMTE.
O vue enchanteresse !
C'est ici le séjour
De l'éternelle ivresse,
De l'éternel amour !
O volupté suprême !
O volupté des dieux !
Oui, pour celui qui t'aime
Le ciel est dans tes yeux !

LE COMTE, à Géraldine, dont les genoux fléchissent.
Quoi ! tu chancelles !
GÉRALDINE.
Oui, tant de bonheur m'oppresse...
Et près de toi, mon seul trésor,
Je mourrais de joie et d'ivresse,
Si je pouvais mourir encor !

REPRISE DE L'ENSEMBLE.

GÉRALDINE.
O vue enchanteresse, etc.
LE COMTE.
O vue enchanteresse, etc.

SCÈNE IV.

LES MÊMES, FULBY.

FULBY, redescendant vivement l'escalier à droite et s'approchant du comte, lui dit à voix basse.

Milord, milord! le roi s'apprête à sortir de son cabinet.

LE COMTE, regardant Géraldine.

Ah! qu'il ne la voie pas! (Avec impatience.) Et la quitter en ce moment... pour aller recevoir les envoyés du Hainaut!...

FULBY.

Ne craignez rien, je serai près d'elle...

LE COMTE.

Reconduis-la vite... là-haut... chez elle.. sans lui rien dire... Plus tard je lui expliquerai...

GÉRALDINE, revenant sur le bord du théâtre et voyant Fulby vêtu de riches habits.

Et lui aussi, le pauvre enfant!.. mort!.. mort comme moi...

FULBY, souriant.

Oui, exactement comme vous.

GÉRALDINE.

Je disais bien qu'il se tuerait à courir ainsi sur les toits!... (Avec naïveté.) Est-ce comme ça, que ça vous est arrivé?...

LE COMTE.

Partez, Géraldine, partez!

GÉRALDINE.

Partir!

LE COMTE.

Oui, dans ce moment, il le faut... Encore quelques instants de séparation, et après... réunis pour ne plus nous quitter... Adieu! (Au moment où Géraldine tourne la tête, il s'élance par l'escalier, et disparaît; la statue se replace et ferme l'issue.)

GÉRALDINE, se retournant, et avec stupéfaction.

Disparu!... et avant de nous revoir, séparés encore!... Pourquoi?...

FULBY.

Pourquoi!... parce qu'il y a des dangers que vous ne pouvez comprendre et qui vous menacent.

GÉRALDINE.

Ici!... des dangers!...

FULBY, vivement.

Oui, vraiment... et si vous êtes docile, si vous me suivez sans rien demander... plus rien à craindre pour vous et pour lui!...

GÉRALDINE, vivement.

Pour lui?... Me voilà... me voilà! Partons!...

FULBY, l'entraînant vers la porte à gauche.

Venez...

(Ils vont pour entrer par la première porte à gauche, un grand bruit et des éclats de rire se font entendre. La musique commence.)

FULBY, s'arrêtant et écoutant.

Non.. attendez... (A part.) Nos jeunes seigneurs qui arrivent...

GÉRALDINE, effrayée.

Ah! mon Dieu! on dirait un rire de démons...

FULBY.

C'est cela même!... vous l'avez dit... Il faut les éviter!... Là, de ce côté... dans cette pièce que je regardais tout à l'heure... (Lui montrant la deuxième porte à gauche.) Et surtout ne sortez pas que je ne vienne vous chercher...

GÉRALDINE.

Oui... oui, monsieur...

(Elle entre dans la seconde chambre à gauche. Fulby referme vivement la porte, dont il prend la clé.)

SCÈNE V.

FULBY, NOTTINGHAM, quelques AMIS DU PRINCE sortent de la première porte à gauche, en riant aux éclats, LE ROI paraît ensuite par l'escalier, suivi d'autres SEIGNEURS.

NOTTINGHAM, annonçant.

Le roi! messieurs.

(Tous s'inclinent avec respect.)

LE ROI, riant.

Lord Clarendon, malgré son courage invincible,
N'a pas osé tenter cette épreuve terrible.
   Il faudra nous passer de lui...
Que ferons-nous ce soir?...

TOUS.

Parlez!

LE ROI.

Non, Dieu merci...
C'est à vous de chercher.

CHŒUR.

Cherchons donc, mes amis!
Cherchons, cherchons donc, mes amis!
Hors la raison, tout est permis,
Et les refrains les plus hardis,
Et les plus piquantes houris;
Un jeu d'enfer, des vins exquis...
   Que leurs flots coulent!
   Que les dés roulent!
Cherchons bien, cherchons, mes amis,
Hors la raison, tout est permis!

(Tout à coup la voix de Géraldine se fait entendre. Tous s'arrêtent avec étonnement.)

GÉRALDINE, dans la deuxième chambre à gauche.

   Dieu tutélaire,
   En toi j'espère!
   Que ma prière
   Monte vers toi!
   Ma voix t'implore!
   Lui que j'adore,

Qu'il vienne encore
Auprès de moi !

TOUS, écoutant.

Une femme en ces lieux !

NOTTINGHAM.

Une voix inconnue !

LE ROI.

Par qui donc le secret a-t-il été trahi ?

FULBY, à part.

Ah ! c'en est fait ! l'imprudente est perdue !

NOTTINGHAM, montrant la deuxième porte à gauche.

C'est par ici !...

TOUS.

C'est par ici !

(A la fin du morceau, le roi s'élance vers la porte à gauche.)

LE ROI.

Mais je ne puis ouvrir cette porte... Qui de vous en a la clé ?... Nottingham ?... Fulby ?...

NOTTINGHAM.

Ce n'est pas moi...

FULBY, avec embarras.

Ni moi, sire... je vous assure...

LE ROI.

Eh bien ! brisons la porte...

, excepté Fulby.

Oui... oui... brisons la porte !...

(Ils s'élancent.)

FULBY, se jetant à genoux devant le roi.

Non, sire, non... je vous en supplie !

LE ROI, revenant sur le devant de la scène.

Connaîtrais-tu la dame mystérieuse ?...

FULBY.

Oui, sire...

LE ROI.

C'est peut-être lui qui a eu l'audace de l'amener ?...

FULBY, très troublé.

Moi !... c'est-à-dire...

NOTTINGHAM, sévèrement.

Voilà le coupable !...

FULBY, s'inclinant.

Pardon, sire...

LE ROI, sévèrement.

Il ne s'agit pas de cela... (Le faisant relever.) Est-elle jolie ?...

FULBY.

Charmante... hélas !...

LE ROI.

Il n'y a que cela qui t'excuse... Est-ce ta maîtresse ?

FULBY, hésitant.

Mais... c'est possible...

LE ROI.

Voyez-vous, déjà... (D'un ton de reproche.) Libertin !... (Se retournant vers Nottingham, à voix basse.) Le comte de Salisbury avait raison de me le recommander pour échanson... Il a des dispositions...

NOTTINGHAM, s'inclinant.

Oui, sire... Et puis, il est à bonne école !... A force de nous verser à boire, il apprendra...

LE ROI.

Comment le roi boit ! (Se tournant vers Fulby.) Fulby, nous vous pardonnons... à vous !... (Avec solennité.) Mais les lois avant tout... celles du fisc sont sévères et inflexibles, tout ce qui entre ici en fraude est confisqué à notre profit...

FULBY, effrayé.

O ciel !

LE ROI.

Je l'ai dit..

TOUS.

Le roi l'a dit !...

LE ROI, se dirigeant vers l'appartement à gauche.

Et je vais à l'instant même...

FULBY, l'arrêtant.

Non, sire ! que Votre Majesté prenne bien garde ! la jeune fille qui est là ne m'appartient pas ; elle n'a pas été amenée, ni cachée par moi... elle y est venue toute seule et d'elle-même...

LE ROI.

Et d'où est-elle venue ?

FULBY.

De là-haut ! par le puits...

LE ROI.

Par le puits !

FULBY.

Dans un désespoir d'amour, elle s'est précipitée...

LE ROI.

Pas possible !

FULBY.

Et ce qui vous paraîtra plus extraordinaire encore, c'est que, depuis quelques instans qu'elle est ici... elle pense avoir perdu la vie et se croit dans les régions infernales...

LE ROI.

Admirable !... Que rien ne détruise son erreur !... au contraire... Habitans de l'autre monde, que chacun soit à son rôle et à sa réplique... Entourons la nouvelle venue de tant d'hommages et de plaisirs, que, s'il faut plus tard qu'elle revoie le jour et retourne sur terre, elle y regrette toute sa vie le temps de son trépas.

NOTTINGHAM.

Je comprends... (Il parle bas à plusieurs seigneurs, qui sortent par le fond.) Allez, mes amis, allez !...

LE ROI.

Ici, la salle du banquet ; et quand ses lèvres auront effleuré ce nectar... (A Nottingham.) tu sais... qui procure si douce ivresse, et surtout si doux sommeil... (A Fulby.) C'est toi qui verseras...

FULBY, à part.

O ciel !... (Haut.) Qui, moi ?...

LE ROI.

Toi-même, et à coupe pleine... (A Nottingham.)

ACTE II, SCÈNE VI.

Elle croira, en revenant à la vie et en voyant son maître à ses genoux, avoir quitté les enfers pour l'Olympe.

FULBY, à part.

Passe pour l'enfer, mais l'Olympe... c'est trop fort!... Je ne puis, je ne dois pas souffrir...

LE ROI.

Qu'as-tu donc? puisque ce n'est pas toi qu'elle aime et dont elle est aimée!...

FULBY.

Non... non, sans doute... Mais, s'il faut tout vous avouer... celui qui l'adore est un noble seigneur, qui m'avait chargé de la conduire chez elle... un des favoris, un des amis de Votre Majesté...

LE ROI.

Et qui donc?

FULBY.

Le comte de Salisbury.

LE ROI.

Salisbury!

CHANT.

MORCEAU D'ENSEMBLE.

LE ROI et NOTTINGHAM.

Trahison! trahison!
Pareille défiance
Est pour nous une offense
Indigne de pardon.
Non, non, point de pardon!

NOTTINGHAM.

Nous cacher son amour!

LE ROI.

Plus encor!... sa maîtresse!...

NOTTINGHAM.

Lorsque, d'après nos lois, et d'après nos statuts,
Tous les secrets d'amour doivent être connus!

LE ROI.

Moi, qui lui disais tout, ou fillette ou princesse!

NOTTINGHAM.

C'est manquer à son prince, ainsi qu'à l'amitié.

FULBY, timidement.

Mais, messieurs, cependant...

NOTTINGHAM.

Une action si noire
De nous ne doit attendre excuse ni pitié!

LE ROI.

Et lui ravir sa belle est œuvre méritoire.

NOTTINGHAM.

Le roi l'a dit!

LE ROI.

Je l'ai dit.

(En ce moment les favoris du roi rentrent en scène, revêtus de costumes diaboliques. Nottingham, à voix basse, les a mis au fait de ce qui se passe.)

CHOEUR.

Trahison!
Courons à la vengeance!

LE PUITS D'AMOUR.

Pour une telle offense,
Ni grâce, ni pardon.
Non, non, point de pardon!

(Fulby, sur un geste d'autorité du roi, lui a remis la clé de la chambre où est enfermée Géraldine. Le roi passe cette clé à Nottingham, puis il sort par le fond pour aller revêtir un costume. Nottingham, qui a jeté à la hâte sur ses épaules une espèce de dalmatique infernale, se précipite, suivi des seigneurs, dans la deuxième chambre à gauche, d'où ils ressortent aussitôt, en entraînant Géraldine, qui, saisie d'effroi, se cache la tête dans ses mains.)

SCÈNE VI.

LES MÊMES, GÉRALDINE, FULBY, sur le devant du théâtre à droite.

GÉRALDINE, au comble de la frayeur.

Ah! messieurs les démons, prenez pitié de moi!

(Elle aperçoit Fulby, pousse un cri, et court se réfugier près de lui.

Fulby!!

(Lui montrant les seigneurs déguisés.)

Rien qu'en voyant ces vilaines figures...

FULBY, aux seigneurs.

C'est aimable pour vous!

GÉRALDINE.

Je tressaille d'effroi;
Et de l'enfer, déjà, je prévois les tortures!

FULBY.

Ne craignes rien...

GÉRALDINE, se cachant les yeux avec la main.

Je n'ose ouvrir les yeux!
C'est l'enfer, n'est-ce pas?

(Dans ce moment on apporte de grands bols de punch enflammés, et Géraldine, entr'ouvrant les yeux et regardant entre ses doigts, s'écrie :)

J'en vois aussi les feux!!!

CHOEUR, vif et bruyant.

De ce punch qui fume,
La rougeâtre écume,
En mes sens allume
Le feu du désir!
Sa lave brûlante
M'enivre et m'enchante.
Je ris et je chante...
Délire et plaisir!!

(Les uns se versent des verres de punch, ou avec des cuillers agitent la flamme des bols, tandis que les autres entourent Géraldine qui fuit épouvantée.)

SCÈNE VII.

LES MÊMES, LE ROI, en riche costume de divinité infernale, une couronne sur la tête.

GÉRALDINE, courant au roi.
Ah! monseigneur, protégez-moi!
LE ROI, la regardant.
O ciel!
NOTTINGHAM, la regardant aussi.
Elle est ma foi jolie!
LE ROI.
C'est elle qu'ici je revoi!
NOTTINGHAM.
Qu'est-ce donc?
LE ROI, à voix basse.
La beauté qu'hier j'avais suivie!
GÉRALDINE, examinant le roi, à Fulby.
Quel est donc ce nouveau démon
Qui me regarde ainsi?
FULBY, lui faisant signe de se taire.
C'est monseigneur Pluton,
Roi de ces lieux... Voyez sa brillante couronne!
GÉRALDINE, interdite.
Un roi!
LE ROI.
Qui veut sur vous régner par le plaisir.
Quant à mon sceptre, je le donne
A la beauté... C'est vous l'offrir!...

REPRISE DU CHŒUR.

De ce punch qui fume,
La rougeâtre écume,
En mes sens allume
Le feu du désir!
Sa lave brûlante
M'enivre et m'enchante,
Je ris et je chante...
Délire et plaisir!!

GÉRALDINE, regardant avec inquiétude autour d'elle.
Mais je ne le vois pas!
LE ROI.
Qui donc?
GÉRALDINE.
Pardon, monseigneur Pluton!
Reverrai-je bientôt ici...
LE ROI.
Le brillant Salisbury?...
GÉRALDINE, étonnée.
Non pas! mais Tony, mon ami...
LE ROI, bas à Fulby, en riant.
Pauvre Salisbury!...
(Haut à Géraldine.)
C'en est un autre! Et quel est ce Tony?

GÉRALDINE.
COUPLETS.
PREMIER COUPLET.
Tony le matelot m'a prise pour maîtresse.
CHŒUR DES DÉMONS, avec un rire infernal.
Ah! ah! buvons!
GÉRALDINE.
Et moi j'avais juré de le chérir sans cesse...
CHŒUR DES DÉMONS.
Ah! ah! buvons!
GÉRALDINE.
Mais il est mort, mon doux ami,
Et j'ai voulu mourir aussi.
Pour guérir d'amour... Ah! bien oui!
Quoiqu'on soit morte,
Ça n'y fait rien,
L'amour l'emporte,
Et je sens bien
Que je vais toujours y rêvant
Comme de mon vivant.
CHŒUR, riant.
La pauvre fille,
Qu'elle est gentille!
A ses amours buvons!
Buvons!
GÉRALDINE, leur faisant la révérence.
Messieurs les démons,
Vous êtes bien bons!

(En ce moment, le roi fait signe à Fulby de remplir une coupe avec un flacon que Nottingham lui passe. Fulby hésite, mais obéit. Le roi présente la coupe à Géraldine qui boit.)

GÉRALDINE.
DEUXIÈME COUPLET.
Tony le matelot, toujours fidèle et tendre...
CHŒUR, riant.
Ah! ah! buvons!
GÉRALDINE.
M'a dit qu'il reviendrait, et je suis à l'attendre...
CHŒUR.
Ah! ah! buvons!
GÉRALDINE, au roi et aux autres convives.
Dites-moi, si je dois bientôt
Revoir Tony le matelot,
Oui, messieurs, messieurs... Il le faut!...
Quoiqu'on soit morte,
Ça n'y fait rien,
L'amour l'emporte,
Et je sens bien
Que mon cœur va toujours battant,
Toujours, comme de mon vivant!
CHŒUR.
La pauvre fille,
Qu'elle est gentille!
(Levant leurs verres pour trinquer.)

ACTE II, SCÈNE VIII.

A ses amours buvons !
Buvons !

GÉRALDINE, faisant la révérence.
Messieurs les démons
Vous êtes bien bons !

LE ROI, s'approchant de Géraldine dont il prend la main.
Cet amant si tendre,
On peut te le rendre.

GÉRALDINE, dont la tête est déjà apesantie.
Monseigneur Pluton,
Vous êtes bien bon !

LE ROI.
Un autre lui-même
Te dira : je t'aime.
Viens, viens dans les cieux
Recevoir ses vœux !

GÉRALDINE, chancelant et portant la main à son front.
Un voile mystérieux
S'étend soudain sur mes yeux.

ENSEMBLE.
Est-ce lui qui déjà m'appelle dans les cieux ?

LE ROI et le CHŒUR.
Oui, c'est lui qui déjà t'appelle dans les cieux !

FULBY, à part.
O perfides complots ! ô breuvage odieux !
Déjà vont s'égarer et ses sens et ses yeux !

Le roi, soutient Géraldine qui va en chancelant s'asseoir sur le divan à droite, où elle s'endort bientôt. Nottingham, qui, quelques instans, a écouté à la porte de l'escalier secret, s'approche précipitamment du roi.)

NOTTINGHAM.
Sire... sire, on sort de votre cabinet, on descend l'escalier...

LE ROI.
Qui donc ?

NOTTINGHAM, qui a entr'ouvert la porte.
Salisbury !

LE ROI, regardant Géraldine endormie.
O ciel !... dans ce moment !... Eloignez ces flambeaux...

(On emporte tous les flambeaux dans les salons voisins. — Le théâtre reste dans l'obscurité. Le roi ôte le manteau et la couronne diaboliques et reste jusqu'à la fin de l'acte sous le costume qu'il avait à sa première entrée.)

∞∞∞∞∞∞∞∞∞∞∞∞∞∞∞∞∞∞∞∞∞∞∞

SCÈNE VIII.

GÉRALDINE, assise à droite et sommeillant, NOTTINGHAM, près d'elle, LE ROI, LE COMTE DE SALISBURY, descendant de l'escalier à droite.

LE ROI, allant vers la porte secrète qui s'est ouverte.
Salisbury, est-ce vous ?...

LE COMTE, entrant.
Oui, sire ; mais comment se fait-il ?... Quelle obscurité ?...

LE ROI.
Nous sortons de table, et nos convives sont dans les salons voisins à boire les vins d'Espagne...

LE COMTE.
Les envoyés du Hainaut sont partis, la princesse est rentrée dans ses appartemens et je viens rejoindre Votre Majesté, que je ne veux pas plus abandonner dans ses plaisirs que dans ses dangers...

LE ROI.
Ah ! quoiqu'absent, tu étais ici... par la pensée... Je ne t'attendais pas, et cependant je m'occupais de toi.

LE COMTE.
En vérité !

LE ROI.
Oui ; remonte dans mon cabinet où j'ai à te parler... un conseil à te demander...

LE COMTE.
Et pourquoi pas ici ?

LE ROI, à voix basse.
Parce qu'il s'agit de Nottingham, qui ne t'aime guère...

(Nottingham s'approche dans l'obscurité.)

LE COMTE.
J'en conviens.

LE ROI, de même.
Et qui n'a jamais manqué de te desservir... (En riant.) Nous tramons, dans ce moment, contre lui un complot délicieux.

LE COMTE.
Je me récuse !

LE ROI.
Aussi je ne te demande que ton avis... Une maîtresse charmante... une grande dame... passion mystérieuse qu'il a voulu nous cacher...

LE COMTE, riant.
Est-il possible ?

LE ROI.
Et comme, d'après nos réglemens, art. 1er, en fait de bonnes fortunes on doit tout se dire...

LE COMTE, de même.
Plus que moins !

LE ROI.
J'ai, dans ce moment, le moyen le plus piquant de le punir et de nous venger, en lui enlevant sa maîtresse... Ce moyen, faut-il en profiter ?...

LE COMTE.
Certainement, c'est de bonne guerre !

FULBY, à part.
Le malheureux !

LE ROI.
Ainsi donc, ton avis ?...

LE COMTE.
Est celui de Votre Majesté...

FULBY, à part avec douleur.

Ce que c'est que d'être courtisan !

LE ROI.

Alors, pour bien combiner nos mesures, et surtout pour que rien ne nous dérange, va-t-en !... Va m'attendre dans mon cabinet où je ne tarderai point à te rejoindre, car j'entends que tu sois du complot.

LE COMTE.

Mais, sire...

LE ROI.

Oh ! que tu le veuilles, ou non, tu en seras.

LE COMTE, s'inclinant.

C'est trop de bontés...

FULBY, à part.

C'est trop de perfidies !... Et quoi qu'il doive m'en coûter... (Il se glisse sur l'escalier.)

LE ROI, serrant la main du comte.

Au revoir, comte, à bientôt !...

(Le roi se retourne vers Nottingham ; pendant ce temps, le comte fait quelque pas sur l'escalier et y trouve Fulby qui l'attend.)

FULBY, à voix basse.

Un grand danger vous menace... Venez !... hâtez-vous de le prévenir. (L'escalier se referme.)

SCÈNE IX.

GÉRALDINE, endormie, NOTTINGHAM, LE ROI, LES SEIGNEURS qui reviennent avec des flambeaux.

FINALE.

LE ROI et LE CHŒUR, à demi-voix.

Voici l'heure de la vengeance,
Plaisir des rois ! plaisir des dieux !
Retirez-vous, l'heure s'avance ;
Retirons-nous,
Sans bruit, messieurs, quittez ces lieux
Le roi l'a dit, quittons ces lieux...

LE ROI, aux courtisans.

Pas de bruit dans la ville, où déjà l'on sommeille,
Redoutez le shérif, et les rondes de nuit...
(A Nottingham, montrant la chambre à gauche.)
Toi, Nottingham, là, reste seul et veille,
Et préviens-nous au moindre bruit.
(Nottingham entre dans la première chambre à gauche.)

TOUS, sortant.

Voici l'heure de la vengeance,
Plaisir des rois ! plaisir des dieux,
Retirons-nous, l'heure s'avance ;
Sans bruit, messieurs, quittons ces lieux.

SCÈNE X.

GÉRALDINE, endormie sur le divan à droite, LE ROI.

LE ROI, s'approchant de Géraldine qu'il regarde.

AIR :

Que de grâces ! que de charmes !
Par les amours enviés...
Les dieux te rendraient les armes,
Et les rois sont à tes piés.
Et notre favori, qui, jaloux, dissimule,
Et veut à nos regards cacher tant de trésors,
Lui ravir ce qu'il aime !.. Est-ce bien ?..
(Il s'arrête et reprend vivement.)
Vain scrupule !..
En la voyant si belle, il n'est plus de remords !
Que de grâces ! que de charmes !
Par les amours enviés...
Les dieux te rendraient les armes,
Et les rois sont à tes piés.
(Géraldine fait un mouvement ; le roi tressaille.)
Elle s'éveille !... Non !... elle lutte en rêvant
Contre l'effet de ce philtre puissant !

DUO.

GÉRALDINE, à moitié endormie.

Je crois le voir ! je crois l'entendre !
Par lui je sors du noir séjour !
Le ciel pardonne et vient me rendre
Et sa présence et son amour !
Tony ! Tony !

LE ROI, l'écoutant.

Que dit-elle ?
C'est toujours ce Tony qu'elle aime, qu'elle appelle ;
Ce n'est donc pas Salisbury !

GÉRALDINE, continuant toujours son rêve.

Je te revois ! l'enfer en ciel se change !

LE ROI.

Et loin de trahir un ami,
C'est au contraire ici moi qui le venge !

GÉRALDINE qui s'est levée, s'avance comme en extase.

Tony ! Tony !

LE ROI, lui tendant la main.

Me voici !

GÉRALDINE.

C'est bien toi... n'est-ce pas ?

LE ROI.

Plus d'absence !

GÉRALDINE.

Plus de trépas !

ENSEMBLE.

Délices étranges !
Et dont la douceur
Du bonheur des anges

Enivre mon/son cœur !

Oui, mon/son œil découvre

Céleste lambris !
C'est le ciel qui s'ouvre,
C'est le paradis !
LE ROI, *tombant à ses pieds.*
Oui, c'est ton amant, c'est ton roi,
Qui ne veut vivre que pour toi !

ENSEMBLE.

Délices étranges,
Et dont la douceur
Du bonheur des anges
Enivre mon cœur !
Mon œil vous découvre.
Célestes lambris !
C'est le ciel qui s'ouvre,
C'est le paradis !

(*Après cet ensemble, Géraldine, soutenue par le roi, revient s'asseoir sur le divan où elle se rendort.*)

SCÈNE XI.

LES MÊMES, NOTTINGHAM.

(*La musique continue pendant le rapide dialogue qui suit.*)

NOTTINGHAM, *entrant vivement par la première porte à gauche.*

Sire !... sire !... fuyez !... nous sommes découverts !... le shérif et ses constables sont descendus par le puits...

LE ROI.

S'ils trouvaient le roi ici !... que penseraient-ils ? Vite, retirons-nous... Mais cette jeune fille ?...

NOTTINGHAM.

Je m'en charge !... Fuyez, sire, fuyez !

LE ROI, *allant à la porte de l'escalier à droite qu'il essaie d'ouvrir.*

Fermée... fermée en dehors !...

SCÈNE XII.

LES MÊMES, LE SHÉRIF BOLBURY, CONSTABLES se précipitant par la première porte à gauche.

LE CHŒUR, *montrant le roi et Nottingham.*

En prison il faut les conduire,
Ces bandits que le crime attire ;
Leur forfait, amis, dès demain,
Recevra châtiment certain.

(*Les constables, sur l'ordre du shérif, entourent le roi, que Nottingham défend. Tout à coup, Bolbury aperçoit Géraldine.*)

BOLBURY.

Dieu ! qu'ai-je vu ?... ma fiancée !
Que, tantôt, chez moi, j'ai laissée !...

LE ROI.

Je comprends... Vous êtes Tony ?...

BOLBURY, *furieux.*

Eh ! non ! je suis le shérif Bolbury.

LE ROI.

Bolbury !
Encore un !... moi compris !... Pauvre Salisbury !

NOTTINGHAM, *à demi-voix au shérif, montrant le roi.*

Vous ignorez le nom de milord que voici ?

BOLBURY, *montrant un papier qu'il tient.*

C'est le faux Édouard... j'ai la preuve certaine...

LE ROI et NOTTINGHAM.

Écoutez !...

BOLBURY.

C'est assez !... Allons, qu'on les entraîne !

CHŒUR.

En prison il faut les conduire,
Ces brigands que le crime attire !
Leur forfait, amis, dès demain,
Recevra châtiment certain !

(*Un des constables prend les flambeaux et passe devant le roi et Nottingham, qu'on va faire remonter par le puits. Le shérif les suit en donnant encore des instructions à ses agens. Le théâtre est devenu obscur. Salisbury, qui a entr'ouvert la porte de l'escalier secret et guetté le moment, s'avance alors, prend Géraldine dans ses bras, l'enlève et l'emporte par l'escalier, dont la porte se referme vivement. Quelques constables reviennent alors avec les flambeaux ; le théâtre s'éclaire.*)

BOLBURY, *désignant le divan où était Géraldine.*

Que par nous, maintenant, elle soit secourue !

(*S'approchant.*)

Disparue ! ! !

TOUS.

Disparue ! ! !

(*Ils restent stupéfaits et regardent de tous côtés, en se frottant les yeux. Bolbury, atterré, chancelle et tombe sur le divan.*)

FIN DU DEUXIÈME ACTE.

TROISIÈME ACTE.

Le palais du roi. — Un riche appartement. Portes au fond et latérales. Tables. Fauteuils, etc.

SCÈNE I.
LE COMTE DE SALISBURY, GÉRALDINE.

GÉRALDINE, naïvement.
Ainsi donc, j'existe encore?
LE COMTE.
Oui, Géraldine!...
GÉRALDINE.
Vous en êtes bien sûr?
LE COMTE.
Je te le promets!
GÉRALDINE.
Et vous aussi?
LE COMTE, lui serrant la main contre son cœur.
Vois plutôt!
GÉRALDINE.
Dam! ça en a bien l'air!...
LE COMTE, voulant l'embrasser.
Et si tu doutes encore?...
GÉRALDINE, vivement.
Non, monsieur... non... je vous crois... (Regardant autour d'elle.) Mais dire que nous sommes ici dans un palais... le palais du roi... Il ne voudra jamais qu'une pauvre fille telle que moi épouse un grand seigneur tel que vous!
LE COMTE.
Non... car il me destine une noble et riche héritière, miss Oventry, que l'on attend aujourd'hui... Mais, dussé-je perdre la faveur du maître, dussé-je m'exposer à toute sa colère... je te l'ai dit... mon sort sera uni au tien!...
GÉRALDINE, tristement.
Ah! j'en étais bien plus sûre dans l'autre monde que dans celui-ci!
LE COMTE.
L'important, dans ce moment, c'est qu'on ne te voie pas... Nous ne pouvons retourner par où nous sommes venus... Il y aurait trop de dangers... mais le jour a paru... les portes du palais doivent être ouvertes, je vais voir si nous pouvons sortir... Attends-moi là, et n'aie pas peur!
(Il sort par le fond.)

SCÈNE II.
GÉRALDINE, seule.

RÉCITATIF.
Il s'éloigne, et pourtant je reste sans effroi,
Car son doux souvenir est toujours avec moi!

AIR.
Rêves d'amour, rêves de gloire,
Douce voix qui guidez mes pas,
A mon bonheur laissez-moi croire,
Cette fois ne m'éveillez pas!
Moi, sa femme! Il l'a dit... Unis devant l'autel...
A lui, toujours à lui... sur terre et dans le ciel!
Rêves d'amour, rêves de gloire,
Douce voix, etc.

SCÈNE III.
LE COMTE, GÉRALDINE.

LE COMTE, rentrant.
Viens, suis-moi, point de dangers... et si nous rencontrions quelqu'un... dis comme moi, et ne t'avise pas de me démentir...
GÉRALDINE.
Cela me fait peur!...
LE COMTE, l'embrassant.
Allons donc... Confiance et courage!
GÉRALDINE, apercevant la princesse, qui entre suivie de deux dames d'honneur.
Quelle est cette belle dame?...
LE COMTE.
La princesse de Hainaut, celle que le roi doit épouser aujourd'hui.

SCÈNE IV.
LA PRINCESSE, LE COMTE, GÉRALDINE.

LA PRINCESSE.
Le comte de Salisbury!... dans cet appartement... avec une jeune fille... Quelle est-elle?
LE COMTE, avec trouble.
Ma fiancée... et bientôt ma femme...
LA PRINCESSE, vivement.
Miss Oventry?...
LE COMTE.
Oui... oui... princesse.
GÉRALDINE, à demi-voix.
Que dites-vous?
LE COMTE, de même.
Silence!...
LA PRINCESSE, riant.
Miss Oventry, sous ce costume.... Qu'est-ce que cela signifie?
LE COMTE, avec embarras.
Oh!... cela signifie... que ce costume... ce costume...

ACTE III, SCENE VI.

LA PRINCESSE.
Est un déguisement... je le vois bien!... qui lui va à merveille... Mais pourquoi?...

LE COMTE.
Déguisement nécessaire..... maintenant du moins... à ceux qui voyagent!...

LA PRINCESSE.
Que voulez-vous dire?

LE COMTE.
Les bandes de révoltés ou plutôt de brigands... qui se sont soulevés au nom du faux Édouard, attaquent de préférence les dames ou les seigneurs qu'ils supposent attachés à la cour, tandis qu'une jeune fille du pays de Galles n'éveille aucun soupçon.

LA PRINCESSE.
Je comprends...

LE COMTE.
Et c'est ainsi que miss Oventry et sa suite ont échappé aux dangers... et sont arrivés...

LA PRINCESSE.
Jusqu'en ce palais... où je suis ravie de la voir... car je la trouve charmante.

GÉRALDINE, faisant la révérence.
Madame!...

LA PRINCESSE.
Et elle ne me quittera plus.

GÉRALDINE, à part.
O ciel!...

LA PRINCESSE.
Elle sera dès aujourd'hui ma première dame d'honneur...

GÉRALDINE, vivement.
Oh! ce n'est pas possible!...

LA PRINCESSE.
Et pourquoi?...

LE COMTE.
Une voyageuse... une étrangère qui n'est pas encore au fait des modes de la cour...

LA PRINCESSE.
Nous y suppléerons... cela me regarde... Et, dès aujourd'hui, comtesse de Salisbury, vous entrez en fonctions! Vous serez à côté de moi pendant la cérémonie du mariage... car déjà tout se dispose, et je suis étonnée de n'avoir pas encore vu paraître le roi...

LE COMTE, à part.
Je le crois bien!... depuis hier en prison!...

LA PRINCESSE.
Qui peut le retenir? Vous en doutez-vous?

LE COMTE.
Oui, madame... des affaires imprévues... des importuns dont il ne peut se défaire...

LA PRINCESSE.
Les souverains ont si peu de liberté!...

LE COMTE.
Celui-là surtout!...

LA PRINCESSE.
Mais l'heure nous presse... (Aux dames d'honneur qui sont au fond.) Mesdames, pour l'auguste fête qui se prépare et où cette charmante miss paraîtra à mes côtés, disposez à l'instant sa toilette...

LE COMTE.
Quoi, madame!...

LA PRINCESSE.
Allez!...
(Les dames d'honneur emmènent Géraldine par la gauche.)

SCÈNE V.

LE COMTE, LA PRINCESSE, FULBY, entrant par la porte à droite.

LA PRINCESSE.
C'est vous, mon gentil Fulby?... Qu'y a-t-il?...

FULBY.
Le shérif Bolbury demande à parler au roi pour affaires d'état... un complot... un crime de haute trahison... Depuis le matin il sollicite audience...

LA PRINCESSE.
Eh b'en! qu'on l'introduise auprès de sa majesté!...

FULBY, hésitant.
Sans doute... mais c'est que sa majesté...

LA PRINCESSE.
Achevez!...

FULBY.
N'a pas passé la nuit au palais...

LA PRINCESSE.
Grand Dieu! je frémis... Cette absence et ce complot... Si le roi...

LE COMTE.
Rassurez-vous, madame!...

LA PRINCESSE.
Ah! ce shérif qui, disiez-vous, désirait parler au roi... Je vais l'interroger.

LE COMTE, vivement et voulant la retenir.
Nous nous chargerons de ce soin, et c'est à nous, madame...

LA PRINCESSE.
Non, non, il s'agit peut-être du salut d'Édouard... et c'est à moi, à moi seule!... (Au comte qui veut encore la retenir.) Je le dois... Je le veux!...
(Elle s'élance par la porte du fond et disparaît.)

SCÈNE VI.

LE COMTE, FULBY.

LE COMTE.
Ah! Fulby! Fulby!... qu'as-tu fait?... Ce shérif Bolbury, tout à l'heure, il s'est déjà adressé à moi pour parvenir jusqu'au roi, prétendant qu'il at-

tendait depuis quatre ou cinq heures... et s'il n'avait tenu qu'à moi, il attendrait encore !...

FULBY.

Pourquoi donc ?

LE COMTE.

Tu me le demandes !... Il vient annoncer à la reine que, par son zèle et son courage, le faux Édouard est arrêté.

FULBY.

Tant mieux !...

LE COMTE.

Mais ce faux Édouard !... c'est le roi lui-même...

FULBY, riant.

Est-il possible !... Et qui donc a été assez audacieux...

LE COMTE.

Le shérif... ou plutôt moi !... Profitant de l'avis qu'hier tu venais de me donner...

FULBY.

Qu'avez-vous fait ?...

LE COMTE.

Il n'y avait que ce moyen de sauver Géraldine.. Un billet tracé par moi a appris à Bolbury les moyens de descendre dans le puits qui touche à sa maison... le prévenant que ce puits servait de retraite au faux Édouard.

FULBY, riant.

C'est donc cela que le roi ne paraît pas... Et toutes les cloches de la ville qui sonnent déjà le mariage du royal fiancé...

LE COMTE.

Tu oses rire ?...

FULBY.

En pensant que de sa prison il doit les entendre...

LE COMTE.

Mais cette prison..... il faudra bien qu'il en sorte... et gare les explications. Il ne pardonnera jamais à celui qui l'aura fait rougir aux yeux de sa fiancée.

FULBY.

C'est vrai.

LE COMTE.

A celui qui l'aura rendu la fable de la ville et de la cour.

FULBY.

C'est vrai... Je ne ris plus.

LE COMTE.

Et s'il vient à découvrir que ce sont mes avis...

FULBY.

Que ce sont les miens...

LE COMTE.

Non, non, ne crains rien... je n'exposerai jamais que moi.

FULBY.

Raison de plus... pour vous sauver...

LE COMTE.

Et comment ?...

FULBY.

Le shérif est-il encore là ?

LE COMTE, écoutant à la porte à droite.

Oui vraiment ; il raconte sans doute à la princesse tout ce qu'il m'a raconté à moi-même... qu'il n'a pas voulu transférer son prisonnier à la Tour, avant que le roi n'ait interrogé en personne le faux Édouard... qu'en attendant il l'a renfermé lui-même en face de sa maison chez le constable Makinson, dans une salle basse, espèce de cachot.

FULBY, avec joie.

Une tourelle ?

LE COMTE.

Oui.

FULBY, de même.

Une seule fenêtre grillée, à ne pas y passer la main ?

LE COMTE.

Oui.

FULBY.

Une seule porte en fer... que vingt haches d'armes ne pourraient briser...

LE COMTE.

Oui.

FULBY, lui sautant au cou.

Mon maître... mon maître, réjouissez-vous! Loin d'avoir le moindre soupçon, le roi ne songera qu'à vous combler de récompenses... vous son sauveur, son libérateur.

LE COMTE.

Que veux-tu dire ?

FULBY.

Je cours de votre part lui rendre la liberté et, dans quelques minutes, l'amener dans ce palais.

LE COMTE.

Et ces barreaux, cette porte en fer ?...

FULBY.

Qu'importe !... Pauvre Betsy !...

LE COMTE.

La femme du constable !...

FULBY.

Ce n'est pas pour cela qu'elle m'en avait donné la clé...

LE COMTE.

Est-il possible !...

FULBY.

Vous allez encore me gronder... m'appeler mauvais sujet...

LE COMTE, vivement.

Non... non !...

FULBY.

Il n'y a que ceux-là qui servent... vous le voyez... Adieu... adieu... gardez mon secret comme je garderai le vôtre !...

(Il sort en courant par le fond.)

SCÈNE VII.

LE COMTE, seul.

Que de dévoûment! que de reconnaissance!... Pauvre Fulby!... Il n'y a pas long-temps, on le voit bien, qu'il habite la cour... Et si, avant le retour du shérif, le roi est mis en liberté!... il ne se doutera de rien.. (S'arrêtant en voyant entrer Géraldine.) Ah! Géraldine sous ces riches habits!... Qu'elle est jolie!...

SCÈNE VIII.

GÉRALDINE, LE COMTE.

GÉRALDINE.

Vous trouvez!... Pas moi... je suis tout effrayée de me voir si belle.

LE COMTE.

Il n'y a que vous que cela effraiera!...

GÉRALDINE.

Et puis, je ne conçois rien à ce qui m'arrive... Un petit page, à l'air éveillé, s'approche de moi et me dit : « C'est à la charmante miss Oventry que je présente mes hommages. » J'allais répondre non... mais je me suis rappelé vos recommandations... et je me suis contentée de faire la révérence.

LE COMTE.

Ce n'était pas mentir.

GÉRALDINE.

Un mensonge muet.... Et le petit page continuant, a dit : « Je guettais votre arrivée pour vous remettre cette boîte et ce billet qui viennent d'une auguste main... » Et, avant que j'aie pu m'en défendre, il les avait glissés dans la mienne... « Monsieur le page... monsieur... monsieur!... » Ah bien! oui!... il était déjà loin!... La boîte renfermait cette riche agrafe en diamans... et, quant à la lettre... je ne l'ai pas lue.

LE COMTE, prenant la lettre.

L'écriture du roi!... Ah! voyons... (lisant.) O ciel!

GÉRALDINE.

Qu'est-ce donc?...

LE COMTE.

La lettre est adressée par sa majesté à miss Oventry, ma fiancée... celle que mon gracieux souverain veut me faire épouser...

GÉRALDINE, avec inquiétude.

Et qui est jolie... qui est aimable?...

LE COMTE, fronçant le sourcil.

Je l'ignore... Mais cette lettre prouverait que sa majesté le sait mieux que moi... Il paraît que, dans ses excursions au pays de Galles, le roi était fort bien accueilli au château de miss Oventry... souvenirs qu'il lui rappelle, et dont il réclame la continuation... ici, à la cour, quand elle sera comtesse de Salisbury.

GÉRALDINE.

Ce n'est pas possible! vous qui êtes son ami...

LE COMTE, avec dépit.

Justement! le prince me traite trop en ami... moi et tous les miens!... Je vois maintenant pourquoi cette union lui souriait, et pourquoi il la pressait avec tant d'ardeur... Croyez donc à l'amitié des rois!... Non pas que je tienne à miss Oventry, ma fiancée... peu m'importe. (Regardant Géraldine.) Mais il en est une autre peut-être...

GÉRALDINE.

Que dites-vous?

LE COMTE.

Il n'y est déjà que trop disposé... (Poussant un cri.) Et moi qui, pour l'y aider... vais justement briser ses chaînes, le faire sortir d'esclavage...

GÉRALDINE, étonnée.

Que dites-vous?

LE COMTE.

Ah! puisse-t-il y rester toujours!

SCÈNE IX.

LES MÊMES, FULBY.

FULBY.

Victoire!... il est libre!... Le voici!

GÉRALDINE.

Qui donc?

FULBY.

Le roi!... J'ai doucement ouvert la porte de sa prison... « Venez... sire... venez... c'est le comte de Salisbury, votre fidèle et dévoué serviteur, qui m'envoie vous délivrer. » Sans que personne l'ait reconnu, nous sommes rentrés au palais par les petits escaliers... et je m'avance pour examiner le terrain et savoir si le roi peut paraître... sans danger... Il est là!...

LE COMTE, à Géraldine.

Partez! partez! qu'il ne vous voie pas...

GÉRALDINE.

Que faut-il faire?

LE COMTE.

M'attendre! et ne pas quitter la reine... c'est là notre salut.

(Géraldine sort par la porte à gauche.)

SCÈNE X.

LE COMTE, LE ROI, entrant par la porte à droite, FULBY.

LE ROI, avec colère.

Ah! l'horrible nuit, et l'infernal boudoir que la salle basse de monsieur le constable... Par Saint-Georges!... je ne me doutais pas qu'il y eût si peu d'agrément à être prisonnier d'état.

FULBY.

La justice est aveugle!...

LE ROI.

Et sourde!... J'avais beau crier et répéter que j'étais le roi... ce maudit Bolbury n'écoutait rien et venait seulement de temps en temps entr'ouvrir un guichet.

FULBY.

Pour s'assurer que vous étiez là... (Regardant les habits du roi.) Ah! mon Dieu! Et ce costume qui se ressent des fatigues de la nuit.

(Il entre par la porte à gauche.)

LE ROI.

Et il me lançait à travers les barreaux quelques railleries de geôlier... que je n'oublierai jamais. (Toujours avec colère.) Ah! si celui-là n'est pas pendu!...

LE COMTE.

Pour avoir servi Votre Majesté...

LE ROI.

Ah! tu appelles cela un service... M'avoir fait passer toute une nuit dans les angoisses et l'appréhension d'un scandale que je regardais comme inévitable... Traîné en justice le jour de mon mariage... Et, sans toi, mon cher comte, dont je ne sais comment récompenser le dévoûment...

LE COMTE.

Je connais les bontés de Votre Majesté et l'intérêt quelle prend à tout ce qui me touche!...

LE ROI.

Oui, parbleu!... toi... c'est moi!... nous ne faisons qu'un.

LE COMTE.

Je le sais!...

(Fulby revient par la gauche, portant un riche manteau qu'il veut placer sur les épaules du roi.)

LE ROI, repoussant le manteau.

C'est bon, c'est bon... (Au comte.) Dis-moi d'abord comment tu as découvert que le roi d'Angleterre était tombé au pouvoir des constables... et comment surtout, tu as trouvé moyen d'ouvrir sans bruit les portes de mon cachot.

LE COMTE.

Nous vous le dirons plus tard... (Montrant la princesse qui entre.) C'est la princesse... inquiète de votre absence... Dans un pareil moment...

(Fulby jette le manteau sur le fauteuil à gauche.)

SCÈNE XI.

LE COMTE, LA PRINCESSE, LE ROI, FULBY.

LA PRINCESSE.

Ah! sire... sire, c'est vous!... Quelles craintes vous m'avez causées!... Passer cette nuit hors du palais...

LE ROI, avec embarras.

J'en suis désolé... et s'il n'avait tenu qu'à moi... je serais ici depuis long-temps... ces messieurs vous le diront... Mais un roi n'est pas maître de ses momens...

LE COMTE.

Ni souvent de sa personne!...

LE ROI.

Et je vous le confie à vous, madame, il s'agissait d'une conspiration à déjouer... et au moment de réussir...

LE COMTE.

Votre Majesté a été arrêtée?...

LE ROI, riant.

Oui... arrêtée... dans mes projets... sans avoir pu découvrir le fil et les auteurs de ce complot...

LA PRINCESSE.

Que je connais...

LE ROI, LE COMTE et FULBY, vivement.

Que dites-vous?

LA PRINCESSE.

Je sais tout...

LE ROI, avec embarras.

Et comment?...

LA PRINCESSE.

Par un magistrat fort habile, un shérif très dévoué, maître Bolbury, pour qui je vous demanderai une récompense qu'il mérite bien...

LE ROI, avec colère.

Certainement...

LA PRINCESSE.

Car il est venu m'apprendre qu'il avait saisi, cette nuit, et tenait enfermé chez lui, sous les verroux, notre ennemi le plus redoutable, ce fourbe, cet imposteur, ce faux Édouard...

LE ROI.

En êtes-vous bien sûre?..

LA PRINCESSE.

Il m'a proposé de le conduire sous bonne escorte, ici, au palais... et, en votre absence, sire, j'avais donné ordre à un détachement de vos gardes de prêter main-forte au shérif, qui va amener devant vous ce prisonnier pour que vous l'interrogiez...

LE ROI.

Devant moi?... Eh bien! ce sera curieux!...

LA PRINCESSE.

N'est-ce pas?... Je serai charmée, pour ma part, de juger de la ressemblance... que l'on prétend prodigieuse... Nous en causions, tout à l'heure encore, avec miss Oventry, qui ne voulait pas me croire...

LE ROI, vivement.

Miss Oventry est arrivée ?...

LA PRINCESSE.

Oui, sire, depuis ce matin...

LE ROI.

Ah ! j'en suis charmé !... (Se reprenant et à Salishury.) pour vous, comte, à qui j'en fais compliment...

LE COMTE.

Votre Majesté est bien bonne...

LE ROI.

J'ai eu le plaisir de l'apercevoir quelquefois... de loin... il est vrai... de très loin !... Mais, autant que j'ai pu en juger, c'est une ravissante personne... la brune la plus piquante...

LA PRINCESSE.

Non... non... elle est blonde.

LE ROI.

Allons donc !

LA PRINCESSE.

Je vous l'atteste...

LE ROI.

Cela irait fort mal avec sa taille haute et imposante...

LA PRINCESSE.

C'est qu'au contraire... elle est petite et toute gracieuse...

LE ROI.

Ce n'est pas possible !...

LE COMTE.

Elle sera peut-être changée...

LA PRINCESSE.

Et puis, comme Votre Majesté nous le disait tout à l'heure... elle l'a vue de si loin qu'elle aura pu se tromper...

LE ROI.

De si loin... de si loin... Enfin, je serai charmé de reconnaître mon erreur... (A la princesse.) Et puisque miss Oventry est dans votre appartement... je vais avec vous, princesse...

UN HUISSIER de la cour, entrant et annonçant.

Le shérif Bolbury demande à parler à Leurs Majestés...

LE ROI, avec impatience.

Le shérif... (A part.) Qu'il aille au diable !

LA PRINCESSE.

Faites entrer !... Il nous amène son prisonnier, le faux Édouard, que vous devez interroger...

LE ROI.

Plus tard...

LA PRINCESSE.

Et pourquoi ?

LE ROI, avec impatience et embarras.

Pourquoi ?... pourquoi ?... Parce que, dans ce moment, il me serait très difficile de le voir... je

dirai même impossible... car miss Oventry et toute la cour nous attendent...

LA PRINCESSE.

Je vais les faire prévenir... Mais les affaires d'état avant tout...

(Sur la ritournelle du morceau, et avant l'entrée de Bolbury, Fulby reprend le manteau sur le fauteuil à gauche et le jette vivement sur les épaules du roi, qui s'enveloppe et cherche à se dérober aux regards du shérif.)

SCÈNE XII.

FULBY, LE COMTE, debout, BOLBURY, LE ROI et LA PRINCESSE, assis.

QUINTETTE.

BOLBURY, s'adressant à la princesse.

Madame... madame... je viens...

LA PRINCESSE.

Parlez au roi ! c'est lui !...

BOLBURY, saluant et avec embarras.

Je le vois bien,
Car les traits gracieux de notre auguste maître
Ne ressemblent que trop à ceux de ce brigand...
Autant qu'un front royal peut décemment
Ressembler à celui d'un traître...

LA PRINCESSE.

Qui sera puni !

BOLBURY, se troublant.

Certe, il l'a bien mérité...
Et plus qu'on ne le croit, tant son adresse est grande !
Mais, dans mon intérêt, avant tout... je demande
A raconter les faits... dans toute leur clarté !

LE ROI.

Vous le pouvez !...

BOLBURY.

Je le peux, je commence :
Cette nuit, dans un lieu de suspecte apparence,
 (Chacun répète après lui le signalement suivant.)
Un gaillard... fort bien mis... taille haute et l'air fier,
Chapeau noir... manteau brun... chaîne d'or... pour-
 [point vert...
(Le roi referme avec soin le manteau qui le couvre.)

BOLBURY, continuant.

Se disant Édouard, notre roi !... quelle audace !
Fut arrêté par nous, mis dans la salle basse...
 (Chacun répète après lui.)
Porte en fer... bons verroux... poings liés... bien
 [gardé...
Eh bien !... le scélérat !... s'est soudain évadé !...

TOUS.

Évadé !

BOLBURY.

Évadé !

ENSEMBLE.

BOLBURY, à part.

Quel déshonneur pour la police,
Qui doit tout voir et tout savoir !
On va me croire son complice ;
Rien n'égale mon désespoir !

LE ROI et LA PRINCESSE.

Ainsi le chef de la police,
Qui doit tout voir et tout savoir,
De ce traître devient complice,
Le punir est notre devoir !

FULBY et LE COMTE, à part.

Quel déshonneur pour la police,
Qui doit tout voir et tout savoir ?
De tout il faut qu'on l'avertisse...
Ah ! je ris de son désespoir !

LE ROI, avec sévérité.

Vous le voyez, monsieur !

(A part.)

Ah ! shérif incivil !
Dont je me vengerai !...

(Haut.)

L'état est en péril
Par votre maladresse et votre négligence !

BOLBURY.

Je l'avais cependant solidement lié...
De ma main !...

LE ROI, à part, avec colère.

Il a peur que je l'aie oublié !

(Haut.)

Et si vous n'avez pas... écoutez ma sentence,

(Bolbury et les autres répètent après le roi.)

Retrouvé... le captif... qui par vous... fut perdu !
Vous irez... dès ce soir... en prison... et pendu !

TOUS.

Pendu !

LE ROI.

Pendu !

ENSEMBLE.

BOLBURY.

Quel déshonneur pour la police,
Qui doit tout voir, etc.

FULBY et SALISBURY.

Ah ! quel affront pour la police, etc.

LE ROI et LA PRINCESSE.

C'est à vous, chef de la police,
A tout prévoir, à tout savoir !
Oui ! vous méritez ce supplice,
Et vous punir est mon/son devoir !

LE ROI, à part.

Tout va bien ! tout va bien !
La princesse ne saura rien !

FULBY et LE COMTE, à part.

Tout va bien ! tout va bien !
Le roi ne se doute de rien !

Ils s'avancent tous au bord du théâtre et chantent, chacun à part et avec un air de mystère :)

ENSEMBLE.

LE ROI, à part.

Le destin sur moi veille,
Ressemblance pareille

(Regardant Bolbury.)

En son esprit n'éveille
Aucun soupçon d'erreur !
Gaîment, par cette ruse,
C'est lui que l'on accuse,
Et tout bas je m'amuse,
En voyant sa frayeur !

LA REINE, à part.

Sur le roi que Dieu veille !
Que le ciel nous conseille !
Une audace pareille
A fait frémir mon cœur !
Viens punir cette ruse.
Grand Dieu ! toi que j'accuse,
Fais qu'ici je m'abuse,
Et calme ma terreur !

LE COMTE et FULBY, regardant le roi, à part.

O bonheur ! ô merveille !
Aventure pareille
En son esprit n'éveille
Ni soupçon ni fureur !
Oui, le roi qui s'abuse,
Est dupe de la ruse,
Et tout bas je m'amuse
De sa royale erreur !

BOLBURY, à part.

Moi, qui sans cesse veille
Et qui toujours surveille,
Pour misère pareille
Pendu ! c'est une horreur !
Du traître qui m'abuse
Et qu'aujourd'hui j'accuse,
Je déjouerai la ruse,
Qu'il craigne ma fureur !

(A la fin de cet ensemble, Bolbury fait quelques pas pour sortir.)

FULBY, bas au comte.

Nous sommes sauvés !

(Bolbury se rapproche du roi.)

LE ROI, à Bolbury.

Eh bien ! tu n'es pas encore parti ?

BOLBURY, timidement.

Pardon, sire... mais retrouver le fugitif ou être pendu... c'est d'autant plus gênant et embarrassant, que plusieurs de mes affidés, à qui je donnais son signalement... prétendent l'avoir vu, ce matin se glisser au palais !...

LA PRINCESSE, avec effroi.

O ciel ! pour attenter aux jours de Votre Majesté !...

BOLBURY.

Dans l'enceinte des résidences royales je n'ai pas le droit de juridiction...

ACTE III, SCÈNE XIV.

LA PRINCESSE, vivement.

Je vous le donne... Vous et vos gens, parcourez le palais... ! et partout où vous trouverez le coupable, arrêtez-le sur le champ !

BOLBURY, s'inclinant pour prendre congé.

Alors... je vais essayer de le découvrir une seconde fois.

LE ROI, l'arrêtant du geste.

Un mot encore... Comment donc l'aviez-vous découvert la première ?...

(Anxiété du comte et de Fulby.)

BOLBURY, tirant un papier de sa poche.

Par un avis anonyme !

LE COMTE, à part, avec crainte.

O ciel !

BOLBURY.

Où l'on m'enseignait les moyens de pénétrer dans ce puits mystérieux et d'appréhender au corps l'imposteur...

LE ROI, avec impatience.

Donne... (Fulby et le comte font signe à Bolbury de ne rien donner. Il hésite.) Donne donc !

BOLBURY, donnant l'écrit.

C'est ainsi que je l'ai arrêté !...

LE ROI, jetant les yeux sur l'écrit, à part.

Ce n'est pas possible... la main de Salisbury !...

(Il examine de nouveau.)

BOLBURY, continuant.

J'en ai même arrêté deux !... Ma fiancée que j'ai saisie... c'est-à-dire... non... qui s'est échappée... car tout m'échappe aujourd'hui... (Il se retourne, aperçoit Géraldine qui vient d'entrer par la gauche, vêtue de riches habits, et s'est arrêtée un peu au fond. Il pousse un cri.) Ah !...

LE ROI, avec impatience, se retournant au cri de Bolbury qu'il regarde.

Eh bien ! n'as-tu pas entendu mes ordres ?... Va-t-en !

BOLBURY, regardant toujours Géraldine et s'en allant en tremblant.

Oui, sire... mais, c'est que... là-bas, et ici... la tête n'y est plus... C'est à donner sa démission !...

SCÈNE XIII.

LES MÊMES, excepté BOLBURY.

LA PRINCESSE, riant.

Qu'a-t-il donc, monsieur le shérif ?... Il a l'air tout troublé... (Regardant Fulby et le comte qui, tout déconcertés font signe à Géraldine de ne pas avancer.) Ah ! mon Dieu ! et ces messieurs de même !...

LE ROI, avec une colère concentrée, à part.

Je le crois bien... parce que... (Il se retourne, et aperçoit Géraldine qui s'avance timidement ; il pousse un cri de surprise.) Ah !...

LA PRINCESSE, riant de l'émotion du roi.

Et Dieu me pardonne, Votre Majesté aussi ?...

LE ROI, troublé.

Moi ! du tout... Mais c'est que... cette jeune fille...

LA PRINCESSE, gaîment.

C'est miss Oventry !

LE ROI, stupéfait, les regardant tous.

Miss Oventry !

LA PRINCESSE, de même.

Que maintenant vous devez reconnaître...

LE ROI, vivement.

Maintenant !... Oui, sans doute... je la reconnais parfaitement... (Il fait un geste de colère et s'arrête, en voyant la reine; il se retourne vers Salisbury et lui dit froidement.) Comte de Salisbury, je vous prie d'aller m'attendre dans mon cabinet...

(Salisbury s'incline et s'apprête à sortir.)

LA PRINCESSE.

Miss Oventry vient probablement nous annoncer que toute la cour est impatiente de vous présenter ses hommages...

LE ROI, d'un air gracieux à la princesse.

Daignez me précéder... Je vous rejoins... J'ai deux mots à dire à miss Oventry... sur sa famille qu'elle vient de quitter... et sur son mariage avec M. le comte de Salisbury...

GÉRALDINE, à part, avec joie.

Ah ! s'il était possible !

LE ROI, au comte qui, avant de sortir, fait encore quelques signes à Géraldine.

Eh bien ! comte...

(Le comte s'incline et sort dans le plus grand trouble avec Fulby par la droite et la reine par la gauche.)

SCÈNE XIV.

GÉRALDINE, LE ROI, jetant sur le fauteuil à gauche le manteau qui le couvre.

LE ROI, à part.

Qu'un roi s'égaie aux dépens de ses sujets... cela peut être permis !... mais le contraire ne l'est pas !... Approchez... approchez miss Oventry. (A part, la regardant.) C'est décidément la jolie fille d'hier... celle qui se croyait morte... et que Salisbury veut faire revivre à son profit... Mais il oublie nos droits... (Haut.) Approchez, donc charmante miss...

GÉRALDINE, timidement.

Oui... sire. (A part.) Qu'est-ce que cela va devenir ?...

LE ROI.

Depuis mon dernier voyage au Château d'Oventry... je vous trouve tellement changée...

GÉRALDINE, très troublée et balbutiant.

Oui... sire...

LE ROI.
A votre avantage.
GÉRALDINE.
Oui... sire...
LE ROI.
Que je ne vous reconnaissais pas d'abord.
GÉRALDINE, à part.
Serait-il possible ?
LE ROI.
Mais c'est vous... c'est bien vous... Et puis-je espérer encore que vous n'avez pas perdu tout souvenir de mon séjour au château d'Oventry...
GÉRALDINE.
Oh! non, sire...
LE ROI.
De ces lettres délicieuses où éclataient votre fidélité et votre dévoûment pour votre roi ?..
GÉRALDINE, vivement et joignant les mains.
Oh! non, sire...
LE ROI.
Et surtout de ces douces promenades... où ma main pressait la vôtre...
GÉRALDINE.
Comment! sire...
LE ROI.
Sur mon cœur... et parfois même sur mes lèvres...
(Il porte à sa bouche la main de Géraldine.)
GÉRALDINE, retirant sa main.
Mais du tout, sire!...
LE ROI, souriant.
Permettez.... permettez... j'ai mes preuves!...

FINALE.
DUETTO.
LE ROI, tirant de sa poche un billet.
N'est-ce pas là votre écriture ?...
N'est-ce pas votre nom chéri,
Miss Oventry ?
GÉRALDINE, à part.
Grand Dieu !
LE ROI.
Miss Oventry...
GÉRALDINE, troublée.
C'est bien possible... Mais... j'ignore, je vous jure...
LE ROI.
Les mots tracés par vous, et dont je vous parlais ?
GÉRALDINE.
Je ne m'en souviens plus !
LE ROI.
Déjà ?...
(Lui présentant la lettre.)
Relisez-les.
Oui, milady, relisez-les !
GÉRALDINE, lisant en tremblant.
« Sujette fidèle...
» Je jure à mon roi...
» Constance éternelle...
» Éternelle foi !...

» Dévoûment suprême,
» Heureux souvenir...
» Que l'hymen lui-même
» Ne peut lui ravir...
LE ROI, reprenant la lettre.
» Que l'hymen lui-même
» Ne peut lui ravir... »
Ainsi, vous le voyez, ce cœur nous est donné.
GÉRALDINE, vivement.
Jamais... jamais!...
LE ROI, souriant.
C'est écrit... c'est signé !
ENSEMBLE.
LE ROI, à part.
Ah ! perfide, ah ! traître!
Toi qui de ton maître
Osas méconnaître
Le sceptre et les droits !
Bonheur sans mélange,
Par un doux échange,
Sur elle je venge
La cause des rois !
GÉRALDINE, à part.
Coupable peut-être,
Comment méconnaître
D'un terrible maître
Le sceptre et les droits ?
Quel destin étrange
Sous sa loi me range ?
O toi, mon bon ange,
Viens, entends ma voix !
GÉRALDINE, montrant la lettre.
Non, non, ceci n'est pas de moi.
LE ROI.
Prenez bien garde.
S'il en est ainsi...
Vous ne seriez donc pas miss Oventry ?
L'on m'aurait abusé...
GÉRALDINE.
Grand Dieu...
LE ROI.
Qui s'y hasarde
Et qui trompe son roi, mérite le trépas,
Salisbury... d'abord !...
GÉRALDINE, vivement.
Non pas! non pas!
LE ROI, tendrement.
Vous êtes donc miss Oventry ?
GÉRALDINE, troublée et baissant les yeux.
Mais, sire...
LE ROI.
C'est donc vrai ?...
GÉRALDINE, vivement.
(Se reprenant.)
Non !... si... je crois que oui.

ACTE III, SCÈNE XVI.

ENSEMBLE.

LE ROI, à part.
Ah! perfide, ah! traître!
Toi qui de ton maître
Oses méconnaître
Le sceptre et les droits!
Reçois mes louanges!
O bonheur des anges,
Amour, toi qui venges
La cause des rois!
(S'approchant de Géraldine qu'il presse dans ses bras.)
L'amour te range sous ma loi,
Viens! obéis! cède à ton roi.

GÉRALDINE, tremblante, à part.
Coupable peut-être,
Comment méconnaître
D'un terrible maître
Le sceptre et les droits?
Quel destin étrange
Sous sa loi me range?
Viens, ô mon bon ange!
Viens, entends ma voix!...
(Se débattant et cherchant à s'arracher des bras du roi.)
Mon Dieu! prenez pitié de moi,
Défendez-moi contre mon roi!
(Au moment où le roi presse Géraldine dans ses bras et va pour l'embrasser, paraît Bolbury, suivi de plusieurs de ses constables.)

SCÈNE XV.

LES MÊMES, BOLBURY, CONSTABLES.

BOLBURY, apercevant le roi vêtu comme il l'était à la fin du deuxième acte.
C'est lui!... c'est lui!... je le reconnais bien!
(Saisissant le roi.)
Main-forte, mes amis!... je le tiens, je le tien.

LE ROI, se débattant.
Téméraire! téméraire!

GÉRALDINE.
Messieurs, messieurs, qu'osez-vous faire?

BOLBURY et LES CONSTABLES.
Ah! je me ris de sa colère!
Quel bonheur pour vous et pour moi.
(Au roi.)
Allons! marchons! au nom du roi!

SCÈNE XVI.

LES MÊMES, LA PRINCESSE, LE COMTE, FULBY, GRANDS SEIGNEURS et DAMES de la cour, accourant au bruit.

TOUS, à Bolbury.
Que faites-vous?

BOLBURY, tenant toujours le roi.
Cette fois, je l'espère,
Il n'échappera pas!

TOUS.
Malheureux! c'est le roi!

BOLBURY, atterré.
C'est le roi!...

LA PRINCESSE, LE COMTE, FULBY.
C'est le roi!

TOUS.
C'est le roi!

BOLBURY et LES CONSTABLES.
Ah! je cède à mon juste effroi,
Mes genoux fléchissent sous moi.
Le roi!... le roi? le roi?!!

TOUS.
Il osait arrêter le roi.
Ah! le voilà glacé d'effroi.

LE ROI, à Bolbury, avec sévérité.
Oui, monsieur, votre roi!

BOLBURY, tremblant.
Comment s'y reconnaître?
Voilà les mêmes traits et les mêmes habits...

LA PRINCESSE, étonnée.
Quoi! les mêmes habits?...

BOLBURY.
Qu'hier portait ce traître,
Au moment où je l'ai surpris!

LA PRINCESSE, à Géraldine.
Rencontre inexplicable!...

LE ROI, regardant le comte.
Et que milord peut-être
Pourrait nous expliquer.

LE COMTE, s'inclinant.
D'un seul mot, ô mon maître.
(S'avançant au bord du théâtre, et à voix basse.)
A notre souverain, si j'ai pour un instant
Osé donner des fers, c'était, sujet prudent.
Pour le sauver d'une sûre chaîne
Plus dangereuse encor, si j'en crois ce billet,
Qu'à notre fiancée, ici même adressait
Votre Majesté...

LE ROI, à part.
Ciel!

LE COMTE, s'avançant.
J'en fais juge la reine...

LE ROI, le retenant.
Eh! non... non, ce n'est pas la peine...

LE COMTE, rendant le billet au roi, et à demi-voix.
Notre sang, ô mon prince, et nos biens sont à vous,
Mais que du moins nos femmes soient à nous!

LA PRINCESSE, s'avançant à la droite du roi.
Pardonnez au coupable!

GÉRALDINE, s'avançant de l'autre côté, timidement.
Et que Dieu vous le rende!

LE ROI, *regardant Géraldine, le comte et Bolbury.*
Si leurs crimes sont grands, ma clémence est plus
 (*Regardant Géraldine.*) [grande.
 Et par égard pour tant d'attraits,
Nous pardonnons... d'abord...
 A part.)
 Mais nous verrons après...
(Bolbury s'incline pour remercier le roi, et en relevant la tête, il aperçoit encore Géraldine, à qui Salisbury vient de donner la main. — Il regarde tout ce qui se passe avec stupéfaction, pendant qu'au dehors sonnent toutes les cloches de la ville.)

CHOEUR GÉNÉRAL.
Jour d'hymen et de bonheur,
Doux instans pour notre cœur !
A la grâce, à la beauté,
Amour et fidélité !
Écoutez ce bruit flatteur,
 Signal de leur bonheur,
 L'airain sonne,
 Et résonne
Et proclame leur bonheur !

FIN DU PUITS D'AMOUR.

Note essentielle. — La mise en scène exacte de cet ouvrage, transcrite par M. L. PALIANTI, fait partie de la collection des mises en scènes publiées par le journal *Revue et Gazette des Théâtres*, rue Sainte-Anne, 55.

PARIS. — BOULÉ et Cⁱᵉ, imprimeurs, 3, rue Coq-Héron.

www.ingramcontent.com/pod-product-compliance
Lightning Source LLC
Chambersburg PA
CBHW060604050426
42451CB00011B/2072